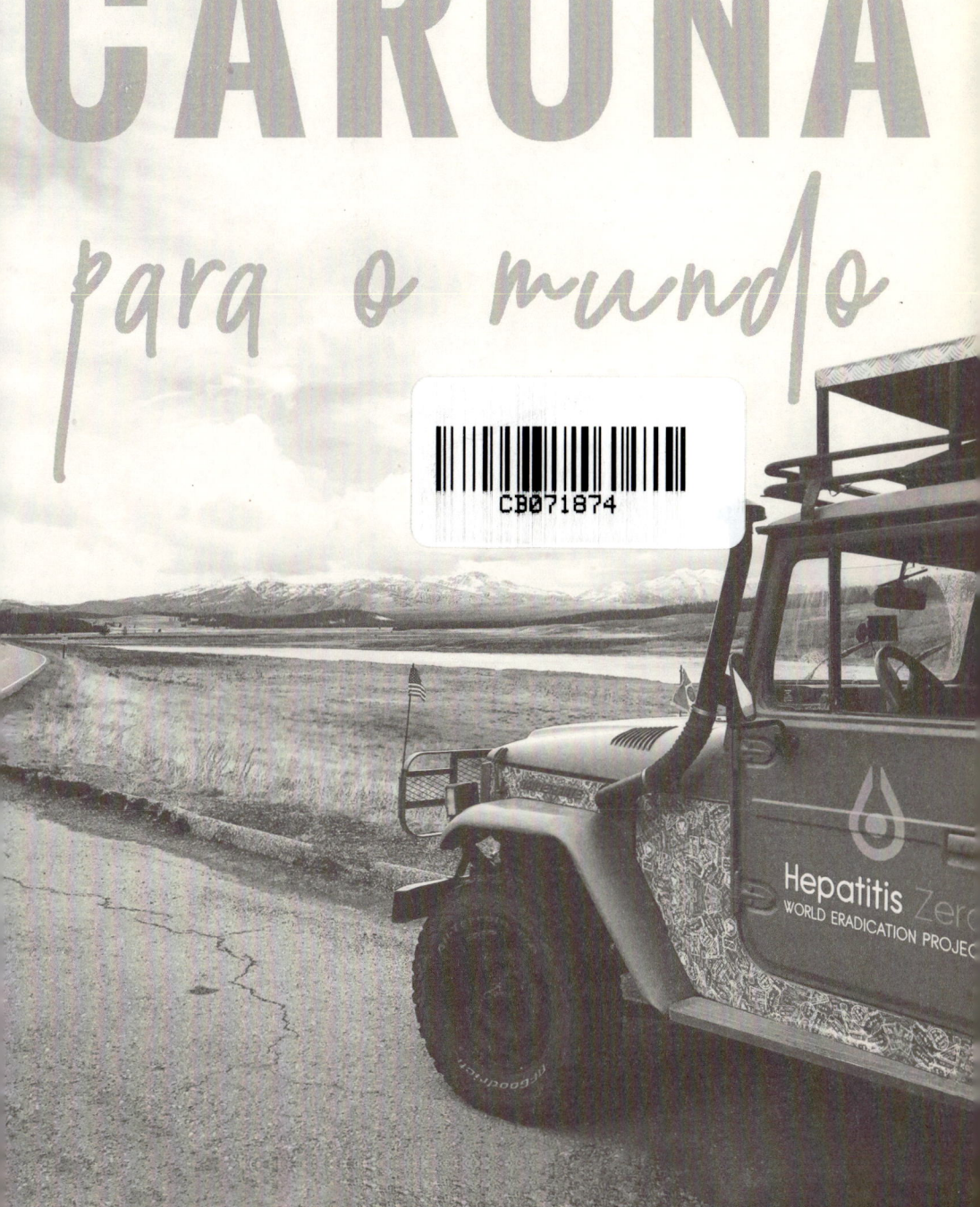

CARONA
para o mundo

Copyright© 2018 by Literare Books International
Todos os direitos desta edição são reservados à Literare Books International.

Presidente:
Mauricio Sita

Capa, diagramação e projeto gráfico:
Lucas Chagas

Revisão:
Daniel Muzitano

Revisão artística:
Edilson Menezes

Diretora de projetos:
Gleide Santos

Diretora de operações:
Alessandra Ksenhuck

Diretora executiva:
Julyana Rosa

Relacionamento com o cliente:
Claudia Pires

Impressão:
Epecê

Dados Internacionais de Catalogação na Publicação (CIP)
(Câmara Brasileira do Livro, SP, Brasil)

```
Mesquita, Fred
   Carona para o mundo / Fred Mesquita. --
São Paulo : Literare Books International, 2018.

   ISBN 978-85-9455-090-3

   1. Experiências de vida  2. Histórias de vida
3. Relatos de viagens  4. Viagens - Narrativas
pessoais  I. Título.

18-16274                               CDD-910.4
```

Índices para catálogo sistemático:

1. Relatos de viagens   910.4

Cibele Maria Dias - Bibliotecária - CRB-8/9427

Literare Books International
Rua Antônio Augusto Covello, 472 – Vila Mariana – São Paulo, SP
CEP 01550-060
Fone/fax: (0**11) 2659-0968
site: www.literarebooks.com.br
e-mail: literare@literarebooks.com.br

Fred Mesquita

PREFÁCIO
VILFREDO SCHURMANN

Esta obra é uma viagem diferente, ela não descreve cenários magníficos, não vai a fundo nas características culturais dos lugares visitados, ela é uma obra que fala de generosidade, do chamado espiritual de uma pessoa que foi e continua sendo o alicerce do autor. Que o orienta nos caminhos da vida, que dá força e energia nos momentos de decisão e isso o leitor vai sentir, porque toca no fundo da alma.

A leitura flui porque é descrita com leveza, onde o autor narra com toda paixão os momentos vividos, desde as perdas irreparáveis na sua vida, ainda jovem, e a decisão de sair pelo mundo com muita convicção e sabendo o que desejava. Queria conhecer pessoas, aprender outros idiomas, passou por diversos países da América do Sul e Europa e achou o caminho para realizar esse sonho, mas, sempre, com muita vontade, dedicação, perseverança e sempre escutando o chamado orientador.

Carona para o mundo

Encontrou pessoas muito especiais de outras nacionalidades, que lhe deram apoio e ajuda nos momentos difíceis e que o convidaram a ter uma experiencia diferente, como a bordo de um veleiro. Neste último, aprendeu que com pouco, sem apegos materiais, pode-se viver feliz, conhecer lugares maravilhosos e também momentos de tensão e medo.

Ele descreve o seu Toyota Bandeirante, o Carona, como um ser. Uma relação de sentimentos que poucos poderão entender a afinidade por algo material.

O autor descreve a experiência do convite de entrar em um projeto e, com o decorrer do tempo, se torna um dos líderes mundiais da missão humanitária, denominada Hepatite Zero.

A experiência no teatro foi fundamental para a comunicação, para mostrar aos jornalistas e às comunidades por onde passou a profundidade do projeto.

Ele descreve um encontro bastante especial junto com o irmão no Paraguai, onde um homem muito pobre, na sua bicicleta, parou e ficou curioso em ver o Carona todo adesivado. Depois de saber, convidou para ir comer na sua casa. Ele descreve esse episódio com emoção, sensibilidade e amor. Em outro momento, quando um homem soube que deu positivo no teste de hepatite e ficou desorientado. Com calma e muita verdade o autor explicou que seria possível reverter a situação. O homem voltou no outro dia com toda a família e agradeceu, disse que agora sabia como agir e viver para que seus filhos tivessem um pai para criar.

A obra descreve os lindos e bons momentos, mas, também, os desafios que passaram por conta das desonestidades de uma pessoa no Chile, da desconfiança das autoridades de imigração sobre a missão humanitária que estavam realizando em parceria com o Rotary.

Por fim, o livro descreve o relacionamento entre dois irmãos de entender os seus limites e a tolerância de cada um.

Boa leitura!

Fred Mesquita

APRESENTAÇÃO

Os livros que narram a trajetória dos exploradores de continente têm um *modus operandi* de construção: cronologia da viagem, belas imagens, narrativa poética, conquistas e reconhecimento. É só uma constatação. Não faço nenhum juízo de valor em relação a esses trabalhos disponíveis. De minha parte, quis preparar uma obra nem melhor e nem pior, apenas diferente.

A cronologia vai ser mais flexível porque mais importante do que o trecho percorrido é o *timing* da vivência relatada e, por isso, às vezes um determinado trecho vivenciado na América do Sul, por exemplo, pode se encaixar melhor durante a narrativa da viagem pelos Estados Unidos, pela lição em comum, se for o caso. Ao agir assim, penso em quem vai ler, porque entendo que o livro não pertence a quem escreve, e sim a quem aprecia.

A mim, ao Cabeça e ao Carona (sim, com letra maiúscula e adiante você vai entender), personagens que você

Carona para o mundo

vai conhecer, cabem o prazer das boas experiências e o aprendizado daquelas que não foram tão boas. E a você, leitor(a), entendo que cabe o prazer de ter em mãos uma viagem literária. A obra é fruto de nossos esforços para te oferecer a melhor carona para o mundo possível.

Durante a construção desta primeira obra, e, a todo o instante, a minha preocupação foi dividir os aprendizados, tanto os rasos como os profundos. A melhor viagem, para nós, já aconteceu, ao vivo e foi construída a cada dia, a fim de gerar o conteúdo de sua viagem.

Então, seja bem-vindo(a), afivele o cinto e prepare-se!

SUMÁRIO

CAPÍTULO 1 — A VOZ DA PODEROSA ENERGIA QUE MUDA O NOSSO UNIVERSO PARTICULAR — 11

CAPÍTULO 2 — O PESO QUE TEM "O NÃO" DE ALGUÉM IMPORTANTE — 23

CAPÍTULO 3 — O CARONA — 35

CAPÍTULO 4 — O TESTE DE FOGO DO CARONA — 45

CAPÍTULO 5 — QUANDO A SIMPLICIDADE TE ENSINA A REVER OS VALORES — 61

CAPÍTULO 6 — A PROVA DE QUE TODO "NÃO" ESCONDE UMA OPORTUNIDADE — 73

CAPÍTULO 7 — TODA PREPARAÇÃO DEVE TER LIMITE — 83

CAPÍTULO 8 — UM OBSTÁCULO DE 700KG — 93

CAPÍTULO 9 — A RELAÇÃO DOS EXPLORADORES COM O MEDO — 103

CAPÍTULO 10 — COMO SE RELACIONAR COM AS AUTORIDADES DE OUTROS PAÍSES — 119

CAPÍTULO 11 — OS PROTAGONISTAS DO AMADURECIMENTO — 135

CAPÍTULO 12 — O CONTATO COM A VOZ PODEROSA — 143

DIÁRIO DE BORDO — 149

ROTEIRO DE VIAGEM — 171

CAPÍTULO 1

A VOZ DA PODEROSA ENERGIA QUE MUDA O NOSSO UNIVERSO PARTICULAR

"Há uma voz que canta, uma voz que dança, uma voz que gira, bailando no ar."

Raul Seixas

Fred Mesquita

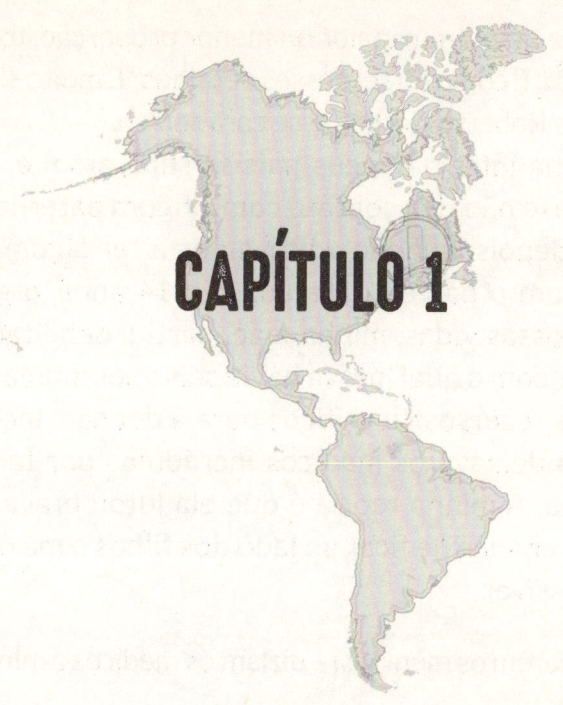

CAPÍTULO 1

Em Genebra, na Suíça, a OMS, Organização Mundial de Saúde, estabeleceu a data 28 de julho como o Dia Mundial de Luta Contra as Hepatites Virais. Do outro lado do planeta, em 1985, nascia um cara no Brasil, em Presidente Prudente, no mesmo emblemático dia 28 de julho.

Acontece que a vida, sábia organizadora de encontros, une pessoas e propósitos ao sabor das necessidades afins. E quis a vida, por alguma razão, que esse rapaz nascido no mesmo dia de uma ação criada para realizar o sonho de erradicar a doença, se tornasse um voluntário da causa e viajasse por todo o planeta de carro, de modo a promover as testagens de hepatite e evitar o avanço, entre os semelhantes, desta

Carona para o mundo

doença que assola, em maior ou menor proporção, todos os continentes. E como eu sei desses detalhes? É muito simples. Como diria Roberto Carlos: esse cara sou eu.

Ainda na infância, meus pais se separaram e, desde então, quase não tive contato com a figura paterna. Muitos anos depois, quando voltávamos a ter algum breve contato com o pai, ele faleceu. Aos 14 anos, o grande pilar de nossas vidas, minha mãe, partiu, debilitada por um câncer com o qual lutava havia seis anos, numa época de poucos recursos científicos para a doença. Inclusive, a sua luta deixava os médicos incrédulos por tamanha resistência. A minha teoria é que ela lutou bravamente para ter a chance de ficar ao lado dos filhos o máximo de tempo possível.

— Preparem os meninos. – diziam os médicos a minha tia.

E a cada recaída, em várias ocasiões, por aproximadamente três anos, os médicos faziam esse traumático pedido. Passei pelas fases da revolta, da negação e, um dia, o câncer atingiu o cérebro. Ela entrou na ambulância e nunca mais voltou.

Não fui ao velório e nem ao enterro. Preferi me despedir emocionalmente e ficar com a imagem positiva dela, em vez da imagem do corpo sem vida. Sentado, olhando para os próprios pés, pensei, abrindo o coração:

Deus, Maomé, Buda, Alá, Jesus, seja lá quem você for, se existir mesmo, por favor me ajude porque não tenho a menor ideia do que vou fazer da minha vida. Prometo que se você me orientar, vou seguir à risca sem titubear.

A partir daquele instante, comecei a ter intuição, um sentimento muito importante para a minha vida. Diferentemente do impulso de tomar decisões súbitas e temerárias, essa intuição era algo constante e não saía da cabeça até que fosse realizada.

Depois, minha avó Maria de Lourdes, que nos acolheu, também se foi. O nosso chão, como se pode imaginar, faltou.

Encontrei no teatro, arte com a qual me envolvi a partir dos 12 anos, uma grande terapia e, como eu não gostava da terapia convencional, entrei de cabeça no grupo infantil, onde fiquei até romper o casulo e seguir para a faculdade.

Eu e meu irmão mais velho, cujo apelido é Cabeça, depois de perdermos a mãe, morávamos com uma tia, Maria Helena, em Presidente Prudente, até a decisão de eu vir a São Paulo cursar a faculdade de artes cênicas, já próximo da maioridade, para desespero da tia. Era a primeira grande intuição depois do pedido e da promessa que fiz a Deus, que naquela época eu não sabia definir e, hoje, embora ainda não saiba, entendo como uma poderosa energia.

— Tia, eu vou para São Paulo cursar artes cênicas.

— Tá louco, menino? Vá cursar medicina, odontologia, direito... Você não tem dinheiro e não vou te ajudar a jogar fora o seu futuro!

Foi uma fase de atrito. Desde criança, dificilmente alguém me impedia de fazer o que eu quisesse. Conversei com a minha avó que, por sua vez, comprou a causa. Afinal, a filha dela, minha mãe, era artista plástica. Então, a avó Maria de Lourdes entendeu o meu desejo.

Num fim de semana, enganei a minha tia Maria Helena. Disse que iria passar uns dias no sítio de um amigo, mas, na verdade, pesquisei todas as opções. Voltei com a pesquisa debaixo do braço e com o anseio de cursar artes cênicas.

Carona para o mundo

Como não encontrei apoio, minha avó costurou um acordo para que eu viesse a São Paulo morar com uma tia-avó muito inclinada ao mundo das artes, uma mulher extremamente culta, a tia Célia, com quem morei por um ano, enquanto estudava.

Procurando mais espaço e privacidade, um ano à frente, pedi ajuda para a tia Maria Helena, já que minha mãe deixara alguns bens e, outra vez, escutei um "não" como resposta. Ela queria que eu voltasse ao município de Presidente Prudente.

Batendo de porta em porta, consegui um trabalho como garçom e fui me virando. A segunda intuição foi gerada pela poderosa energia com a qual me conectei, quando minha mãe partiu. Depois de muito batalhar e de insistir por uma oportunidade, fui aceito e entrei para um grupo de teatro, que me propôs trabalhar na Colômbia.

— Vá! – disse a poderosa voz.

Obedeci sem questionar. Lá, além dos aprendizados, tive a chance de conhecer o autor Gabriel García Márquez pessoalmente. O diretor de nosso grupo, Enrique Buenaventura, um dos precursores do teatro experimental[1] no mundo, foi formado com Márquez em artes plásticas, na região de Bogotá. Em uma de nossas apresentações, ele, com uma simplicidade impressionante, esteve presente e foi ao camarim falar conosco.

Ajeitar tudo foi mais ou menos fácil. Tranquei a faculdade e embarquei. Eu já dominava o idioma espanhol e aprovei-

---

[1] Teatro experimental é um termo genérico que se refere a diversos movimentos do teatro ocidental, iniciados no século XX, como forma de reação às convenções que até então dominavam a criação e produção de obras dramáticas e, mais especificamente, o naturalismo. O termo mudou, com o tempo, à medida que o teatro dito *mainstream* adotou diversas destas formas que eram então consideradas 'radicais'. Costuma ser usado de maneira mais ou menos equivalente à expressão teatro de vanguarda – Créditos para a fonte: Wikipédia.

tei para melhorá-lo ainda mais. Morei numa casa de família por dois meses. Em seguida, uma senhora francesa do grupo, muito gentil, conheceu a minha história e me convidou a morar com ela, sem nenhum interesse e por genuína gentileza. Não bastasse a mão estendida, Jacqueline Vital me introduziu no conhecimento cultural das artes. Era a esposa do nosso diretor Enrique Buenaventura. O casal foi muito generoso comigo. Por um ano e meio, viajei com o grupo para apresentações em lugares como Panamá, Colômbia, Venezuela, Argentina, Chile e Peru. O grupo tinha perfil itinerante e, de lá, partimos para uma turnê pela Europa, passando por França, Espanha, Inglaterra, Portugal e Polônia.

Dedicadas as horas aos ensaios e apresentações, ainda sobrava muito tempo livre para explorar os lugares. Enquanto o turista viaja em prol dos pontos de maior destaque, com pressa e com tempo contado porque é quase sempre uma viagem curta, cada integrante do grupo tinha tempo de sobra para conhecer as cidades, pois entrávamos somente às 19:00h no teatro e às 23:00h estávamos livres. Então, todo dia tínhamos um bom tempo livre para explorar as cidades em que passávamos e para conhecer essas culturas diferentes.

Foi neste instante que percebi a grande sacada: é possível viajar pelo mundo inteiro com poucos recursos, desde que longe do radar turístico, onde tudo custa muito caro justamente porque uma vez no destino, o turista não tem o fator crucial para pesquisar as melhores opções, ou seja, o tempo.

Eu nunca fiz uma viagem internacional que tivesse só as características do turismo. Desde a primeira viagem profissional, ao lado de um grupo, até o futuro, com o Carona e a parceria com o Rotary, as viagens sempre foram orientadas por algum trabalho ou por alguma missão que eu estivesse a realizar.

Carona para o mundo

Chegamos a Paris com o repertório de cinco peças para apresentar. Eu estava com 19 anos e muita vontade de crescer. O grupo tinha apresentação no Georges Pompidou, um dos maiores centros culturais da Europa.

A experiência, em Paris, pode-se dizer, despertou a minha vontade de viajar pelo mundo com poucos recursos. O aprendizado era intenso, mas o custo de vida, mesmo longe do roteiro turístico, também exigia recursos. Lembrei-me da tia e telefonei.

— Tia, preciso de ajuda. Ou você me manda dinheiro ou um casaco. Estamos indo para a Europa em meio a um rigoroso inverno e a grana tá curta.

Passaram-se alguns dias e recebi uma caixa. Dentro dela, o casaco velho de uma prima, comprado muitos invernos antes. Bati o casaco e descobri que minha tia despachara uma multidão de ácaros brasileiros para a Europa.

Naquele dia, percebi que a minha tia ainda não acreditava no projeto que eu assumi, ao entrar no grupo. E também naquele dia, o jogo começou a virar.

No interior parisiense de um dos mais disputados palcos do mundo, tirei uma foto de braços abertos e a enviei para o colunista social de Presidente Prudente. De repente, não se falava em outra coisa. Foi a partir da repercussão que minha tia passou a acreditar naquele movimento.

E eu, aquele mesmo menino teimoso de Prudente, circulava pela Champs-Élysées, pelo Arco do Triunfo e via a Torre Eiffel. Calculei o *budget* do dia, concedido pelo grupo para as despesas básicas, e decidi não subir. Só subiria naquela torre num futuro distante, por ocasião da terceira visita para Paris.

Como existia uma parceria entre o grupo de teatro e o

centro cultural, cada integrante recebeu passe livre para o Museu do Louvre e fiquei três dias lá dentro, fascinado pelo contato com tanta arte.

Longe dali, ao perambular sem rumo exato por uma Paris que o turismo não explorava, comecei a perceber outras realidades arquitetônica, cultural e comportamental, como se fosse uma Paris dentro de outra Paris. Com dez ou no máximo 20 euros, eu explorava aquilo que o dinheiro permitia.

Peço aos leitores que não me julguem, mas vou confessar uma inofensiva estratégia que adotei. Eu não tinha recursos para contratar um guia, então, improvisei. Às vezes, um grupo de turistas passava com o seu guia que, em espanhol ou em português, explicava tudo. Eu ficava a uns três metros, escutava e conhecia Paris, de acordo com as condições que tinha. E de carona com um grupo aqui, outro ali, acessava detalhes da arte e da história francesa.

Durante a segunda temporada em Paris, outra vez escutei a voz daquela energia poderosa, a quem tinha prometido obedecer à risca. Estávamos jantando. O carrinho com a sobremesa acabava de ser retirado pelo garçom, quando a escutei, inconfundível e determinada.

— Volte ao Brasil! – ordenou e sem chance para negociação.

Essa voz da intuição, que surgiu com a partida de minha mãe, comumente me fazia saltar no vazio, sem dizer ao certo como ou por que. Eram e são sempre comandos autoritários e simples.

— Volte ali!
— Pare aqui!

Carona para o mundo

— Vá até lá!

Interessante é que esses saltos no vazio jamais mostram o chão. Pensando em analogia, é como saltar no escuro. Mas nunca me arrependi de escutá-la, visto que aonde a voz da energia poderosa ordenou, fui e encontrei algum formato de reserva especial da vida.

Admito que não foi nada fácil atender ao chamado. Estava vivendo o melhor sonho de minha vida, aprendendo ao lado de grandes atores e diretores, me apresentando em teatros onde qualquer ator adoraria estar. Tentei argumentar com a voz.

— Você só pode estar de brincadeira.

E outra vez, escutei com clareza.

— Confie. Volte ao Brasil.

Entre alguns amigos da infância e familiares, as minhas súbitas decisões faziam a frase "O Fred é louco" circular com frequência. Eles só não sabiam e com o livro saberão que, se na infância e adolescência as minhas decisões eram por conta própria, dessa vez eu contava com uma poderosa voz.

Esperei que o grupo tivesse alguém para me substituir, para não deixar o diretor e os amigos na mão. Passados 20 dias, regressei ao Brasil. De São Paulo, fui para Presidente Prudente. Uma vez no portão de minha tia, gritei:

— *Carteeeeeiro.*

Fred Mesquita

Ela saiu e quando me viu, quase caiu para trás de surpresa. Conversamos, nos abraçamos e ela, com todo o direito, quis saber o motivo de minha volta repentina.

— Eu não sei ao certo, tia. Só sei de uma coisa: eu precisava voltar e, em breve, vamos descobrir o motivo.

CAPÍTULO 2

O PESO QUE TEM "O NÃO" DE ALGUÉM IMPORTANTE

"O único jeito de descobrir se alguém famoso pode ajudar na carreira é fazendo o que a maioria teria vergonha: pedir."

Fred Mesquita

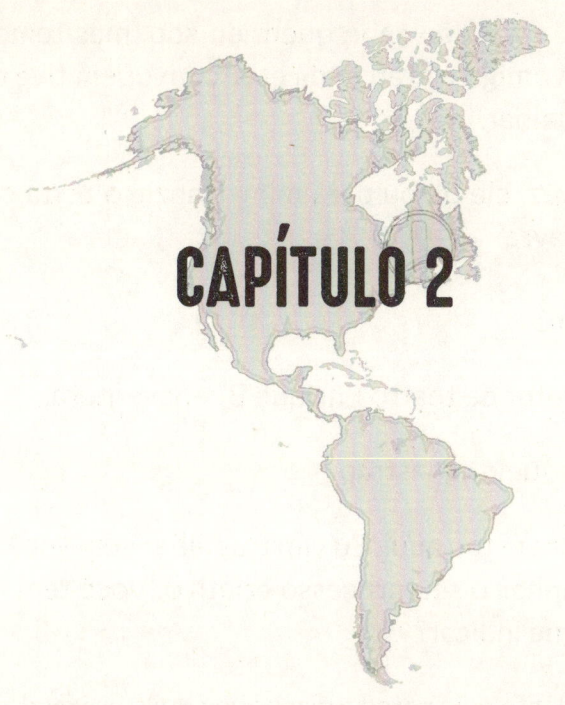

CAPÍTULO 2

Fiquei uns 15 dias em Prudente e, de lá, fui até a casa de um amigo, em São Paulo, onde tive uma ideia: bater na porta do maior diretor de teatro de São Paulo, Antunes Filho.
Em geral, as pessoas temem abordá-lo. É um dos mais tradicionais diretores e carrega a fama de carrasco com os atores.

Como se o conhecesse há uma década, "cheguei chegando".

— Antunes, tudo bom?

Ele usou uma palavra para responder.

— Fala.

Carona para o mundo

— Bom, você não sabe quem eu sou, mas temos em comum um amigo e grande diretor com quem tive o prazer de trabalhar.

Outra vez, ele olhou para mim, franziu a testa e usou só uma palavra.

— Quem?

— O diretor de teatro Enrique Buenaventura.

— Ah, aquele canastrão.

— E agora estou aqui. Eu vim trabalhar com você. Quero acompanhar o seu processo criativo. Você tem algum livro para me indicar?

O semblante dele parecia dizer que aquilo era muita audácia. Ainda assim, foi até sua mesa, e voltou com dois livros.

— Leia esses aqui e, quando terminar, volte.

Três dias depois, lá estava eu.

— Terminei. E agora? O que recomenda?

Dessa vez, o olhar do diretor de teatro foi mais condescendente. Sua testa não franziu. Ele fez algumas perguntas sobre as obras, gostou das respostas e deu outra tarefa para mim.

— Aqui, no SESC Consolação, temos uma das maiores videotecas de filmes *cults*. Venha aqui às quartas-feiras, sempre às 11h, momento em que reunimos a equipe para assistir a uma nova obra e aprender a partir dela.

Fred Mesquita

Vários filmes e muitas discussões depois, ele me convidou para assistir ao ensaio de uma peça. Chegando lá, para a minha surpresa, ele pediu para que eu atuasse, a título de teste, é claro, como um dos atores principais. Era a grande chance de minha vida. Ensaiei e, uma vez em cena, tive a chance de tecer duas falas, até ouvir o seu grito:

— *Paaaaaaare*!

Fodeu. – foi o pensamento que me ocorreu.
Antunes Filho passou a andar em volta de mim, fazendo perguntas, na frente de todos.

— Por que você quis o teatro?

— Por que trabalhou com Enrique?

— O que você pretende como ator?

Eu me senti uma ovelha sendo tosquiada e admito: nem me lembro das respostas que dei. Ele agradeceu e pediu a todos que descessem do palco. Imaginei que tinha acabado de enterrar qualquer chance de trabalhar com aquele monstro sagrado dos palcos. Eu me preparava para ir embora, frustrado e triste, mas uma mão tocou em meu ombro. Virei-me e estava diante de Antunes Filho.

— Fred, vá tomar um lanche e volte para ensaiar. Você tá dentro!

— O quê?

— Vá, moleque. Obedeça. Quero você de volta às 12h, com o figurino, para começarmos oficialmente os ensaios.

Carona para o mundo

Neste dia, entrei para o grupo de Antunes Filho e nele atuei por seis anos; período, logo, em que viajamos por várias regiões da Europa, da América do Sul e da América do Norte. No primeiro papel, interpretei o personagem Paulo, da peça "Senhora dos afogados", de Nelson Rodrigues, seguido por diversos personagens em outras obras que participei com o grupo. Desenvolvi com Antunes uma excelente relação de trabalho porque o entendi. A sua fama de carrasco nunca foi real para mim, pois entendi como ele trabalhava. Ele batia o olho na pessoa e sabia como tratá-la. Da turma de 25 atores, dentre protagonistas e o pessoal do coro, para alguns ele sequer dirigia a palavra um a um. Assim, dava ordens em grupo, algo fácil de se compreender. Em pouco tempo, sob pressão, ele carregava o fardo de preparar o grupo para que fizesse a melhor apresentação possível e para que agradasse tanto ao público como à crítica.

A voz daquela energia poderosa, outra vez, não falhou. Após a experiência inenarrável, a pedido da voz, ingressei no cenário de palestras com a ajuda de Mauricio Louzada. Enquanto isso, como sempre fui um homem de gastos contidos, começava a sobrar algum dinheiro, recurso mais tentador para a pessoa que em vez de sangue, parece ter viagem correndo pelas veias.

Decidi ir até Malta e fiquei quatro meses desenvolvendo o idioma inglês. Lá, a minha vida começou a mudar para valer. Soube de um curso de mergulho no Mar Mediterrâneo, cujo valor estava acima de minhas posses. Fiz algumas permutas e trabalhei para pagar a inscrição. Eu não tinha dupla para mergulhar e tampouco poderia pagar um *divemaster*[2], mas isso não foi empecilho. Espe-

---
2 No mergulho, é o líder e garante a segurança daqueles que estão submersos.

rei que alguém mergulhasse e peguei carona. Fiz dupla com um australiano que conheci, Alex Frabikant. O desafio pessoal de Alex me despertou e inspirou: a bordo de um veleiro, ele estava viajando pelo mundo inteiro, com a esposa e mais um tripulante.

Passamos três dias conversando e me apaixonei pelo universo da vela.

— Fred, daqui nós vamos descer pela costa da África e de lá, iremos até o Brasil.

— Poxa, se quiserem um cara que domine o idioma para facilitar a passagem de vocês por lá, eu curtiria pra caramba cumprir um trecho da viagem com vocês.

Após a despedida, oito meses se passaram. Eu imaginei que nunca mais teria contato com o australiano. Mas abri a caixa de e-mail e dei de cara com uma mensagem sua. O texto simples me convidava para uma aventura.

> Fred, estamos na Namíbia. Dentro de uma semana, vamos cruzar o Atlântico e 25 dias depois, deveremos aportar no Brasil. Quer embarcar e nos fazer companhia durante a experiência pela costa brasileira?

A poderosa voz me tirou do sucesso na Europa e me levou de volta ao Brasil, para aprender mais detalhes do teatro ao lado de um renomado diretor. E no Brasil, a voz me ordenou a ir até Malta. De lá, a voz me trouxe ao Brasil pela segunda vez e, ali, quando o convite foi oficializado, ela não me faltou. Com a costumeira simplicidade, ordenou:

— Vá, Fred.

Carona para o mundo

Cancelei toda a programação, aceitei o convite e, em Ubatuba, encontrei os anfitriões do veleiro. Levei uma mala gigantesca. Foi ali que aprendi o conceito minimalista do viajante profissional: desapego.

— Aonde você vai com esta mochila toda, meu filho? – quis saber o anfitrião.

— Ué, são cinco meses a bordo. Eu trouxe o necessário. – argumentei.

A pergunta dele fez todo o sentido. Ao curso da viagem, usei quatro ou cinco camisetas e duas ou três bermudas, que eram lavadas e reutilizadas. A bordo, outra lição foi aprender a conviver com outras pessoas no limitado espaço de um veleiro. Éramos eu, Alex Frabikant (o comandante australiano), Joni Wong (sua esposa) e o norte-americano Bill Maynard (outro tripulante). Quatro pessoas num pequeno universo ao sabor e dissabor do mar.

As tarefas de um veleiro são várias. A primeira é a que chamamos de relógio. Estávamos em quatro pessoas e dividíamos as jornadas de comando em oito horas, portanto, cada tripulante assumia a direção por duas horas e descansava seis horas. As demais tarefas consistiam em limpeza, organização, pesca e segurança.

Em dias ou noites de mar agitado ninguém descansava. Ficávamos todos a postos e preparados para qualquer emergência. Lembro-me de que numa noite, na costa do Espírito Santo, assumi o medo para o capitão.

— Alex, admito que tô com um baita cagaço, porra!

— Fica tranquilo. São ventos favoráveis. Pode se acalmar.

Fred Mesquita

Eu me apaixonei pelo mundo da vela. Numa noite, estava descansando entre um turno e outro, então aproveitei para ler na proa do veleiro. Entre um capítulo e outro olhei para o casco da embarcação, "encapado" pela beleza natural, totalmente iluminado por uma espécie de plâncton que reluz para afugentar os predadores. Ao entardecer, registrava um pôr-do-sol mais belo do que o outro. Ao amanhecer, lá estava o astro-rei, fazendo o espelho d'água. Nas tempestades, até mesmo as gigantescas e assustadoras ondas carregavam o manto negro da beleza. E nas noites de lua cheia, o mar recebia o seu poderoso contorno branco. A bordo de um veleiro, quem olha acima ou abaixo, à frente ou atrás, fica hipnotizado por tanta beleza e magnitude.

Engana-se, porém, quem imagina que a vida num veleiro é só poesia. Há instantes tensos, problemas a resolver e, sem dúvida, situações curiosas. É comum que o comandante de um veleiro convide a tripulação de outro veleiro para uma refeição. Certa vez, aconteceu conosco uma dessas situações. O velejador francês que viajava numa pequena embarcação, em companhia do seu gato e de ninguém mais, nos convidou para uma refeição. O cara, barbudão e pouco dado à higiene, lembrava aquele famoso personagem de Johnny Depp, Jack Sparrow.

— Pesquei uma dourada. Vou preparar para nós! – disse ele.

Entramos na cabine e nosso olfato se contaminou com os cheiros que se misturavam; cigarro, mofo, roupa suja, dejetos de gato e comida podre.

Nosso anfitrião não percebeu, mas estávamos todos incomodados. Eu tive uma ideia.

Carona para o mundo

— O que acham de fazermos uma refeição fora da cabine? A noite tá linda.

O comandante insistiu.

— De maneira alguma. Vamos comer aqui. A cabine dá a sensação de família.

Comemos o mais rapidamente possível. Nenhum de nós saberia dizer se a dourada estava boa ou não. Felizmente, a minha segunda ideia foi aceita.

— O que acham de tomarmos um café em nosso veleiro?

Jack Sparrow aceitou, para a nossa felicidade. Assim que saímos da cabine, o ar puro nunca pareceu tão puro. Por uma semana, inconformados e longe dali, às vezes conversávamos e duas perguntas voltavam à tona.

— Como será que Jack Sparrow conseguia viver naquele veleiro?

— Será que ele teria deixado de sentir, com o avanço do tempo, o mau cheiro?

O paradoxo vem agora. Jack Sparrow foi um dos mais gentis velejadores que conheci durante os cinco meses em que rolou a experiência de vela por toda a costa nacional. Jack comprova que o ser humano, incluindo eu e qualquer pessoa, pode ser muito bom nisso e muito ruim naquilo.

Após a decisão de viajar pelo mundo de carro, eu não sabia exatamente, e tampouco de longe, o que e como fazer. No entanto, e graças a Jack Sparrow, eu sabia o que não fazer: abandonar a noção mínima de higiene diante da percepção pessoal e também da vida em sociedade. Por onde estiver a velejar o nosso Jack, desejo que esteja bem, mas o fato é que ele não poderia ser esquecido nesta narrativa.

E nesses cinco meses ao mar, a vida me mostrou a simplicidade. Ao sentir fome, algumas horas de isca e lá estava o peixe. A energia ficava por conta do sol e dos ventos. À noite, nos momentos de ancoragem, comíamos juntos e assistíamos a alguma série, num momento de socialização e de amizade.

A experiência foi um *click* para descobrir que a vida é melhor vivida quando se faz aquilo que se ama.

Desde então, em vez de tijolos, eu carrego a mala com poucos pertences e o coração aberto e disposto a aprender algo novo.

— E por que de carro e não de veleiro, já que você se apaixonou? – perguntou-me um amigo, certa vez.

Por três razões:
1) Eu não tinha dinheiro para investir em um veleiro;
2) Eu não tinha experiência de velejador suficiente para cruzar os mares;
3) O mar é maravilhoso, um espetáculo de poesia que encanta aos olhos e aos demais sentidos. Porém, há mais interação com o mar do que com as pessoas. E por outro lado, de carro, eu seria um personagem a viver a própria peça teatral, interagindo com protagonistas e coadjuvantes ao redor do mundo. Conheceria vilões e heróis, bem como fatos e mentiras.

Como se pode perceber, as razões consideradas são compreensíveis.

Carona para o mundo

Faltava só escutar a poderosa voz e ela surgiu no momento certo, dizendo o que se pode imaginar:

— Vá!

Convido você a vir comigo. Se um dia recebi a carona dos amigos velejadores que gerou o *click*, agora é a minha vez de oferecer carona a você, no Carona.
Prometo esclarecer isso no próximo capítulo...

CAPÍTULO 3

O CARONA

"Ao mundo, mencionamos o destino incerto e nada certo aguardamos."

CAPÍTULO 3

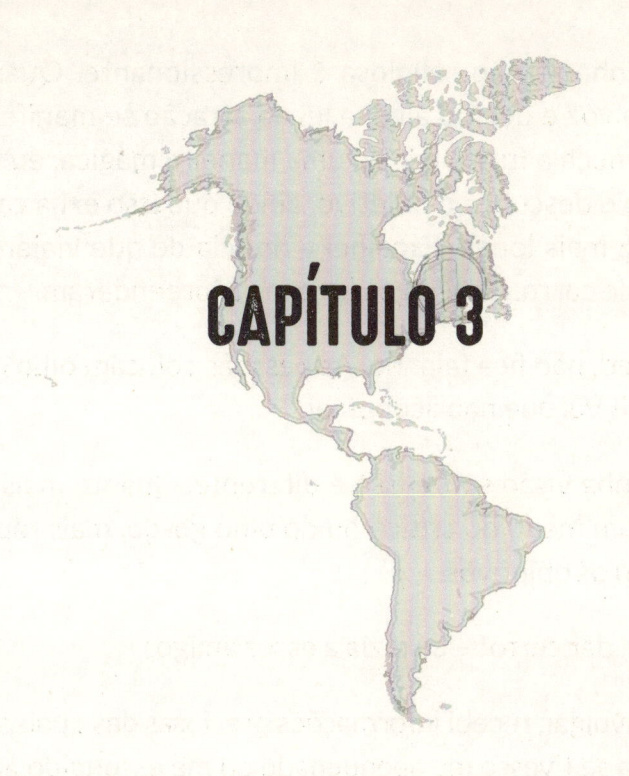

Com o botão *click* acionado, comecei a maquinar mentalmente como seria uma viagem ao mundo de carro. O veículo ideal, o relato das pessoas que experimentaram algo semelhante, quanto custaria, quem me acompanharia e por onde começaria. Até aqui não existia sequer uma pergunta cuja resposta estivesse na ponta da língua.

A experiência de desejar eventos distantes da realidade, a esta altura, não era nenhuma novidade. A voz ordenava, eu me punha disponível e obediente. Algum tempo se passava, os recursos surgiam e os empecilhos partiam. Sempre foi assim. Então, se por um lado eu não tinha respostas, por outro não me preocupava com as perguntas.

Carona para o mundo

A minha fé não religiosa é impressionante. Quando escuto a voz e decido algo, a lei da atração se manifesta, tudo começa a funcionar de uma maneira mágica, eu vou cavando e descubro o objetivo, ainda que isso exija cavar cada vez mais longe. Espalhei a notícia de que viajaria o mundo de carro. Os amigos logo me repreenderam.

— Fred, não fica falando. As pessoas colocam olho gordo. Sei lá! Vai que não acontece!

A minha visão sobre isso é diferente. Quanto mais espalho, sem medo do crítico ou do olho gordo, mais rápido encontro os objetivos.

— Vai dar certo! – eu dizia a esses amigos.

Ao divulgar, recebi informações preciosas das quais sentiria falta se tivesse me apequenado ou me escondido atrás da decisão de contar a todos apenas quando acontecesse.

A crença de que Land Rover é o carro ideal para viajar o mundo parecia recorrente. Todos opinavam da mesma forma e ainda defendiam que o ideal seria adquirir um carro 100% mecânico, pela dificuldade que alguns mecânicos têm para lidar com as questões eletrônicas. Foram dois meses de procura. Quase comprei uma Land Rover. Na véspera de fechar negócio, a caminho para levar o mecânico e colher o seu aval, o proprietário me disse que tinha fechado negócio com outra pessoa.

Comecei tudo do zero e não me preocupei. Hoje eu posso afirmar que é possível realizar essa viagem com qualquer tipo de carro. Assim, cruzei com todos os tipos de modelos fazendo o mesmo percurso, inclusive com carros 1.0. Então, essa crença de que tem que ser um 4x4, 100% mecânico, sem eletrônica, para mim é um mito que tem que ser desconstruído. Outro carro me esperava em algum lugar. Partiu do mecânico, nosso amigo MacGyver, a sugestão.

— Fred, por que você não adquire um Toyota? Você encontra as peças Toyota no mundo inteiro, diferentemente da Land Rover, pois uma peça pode te fazer esperar por vários dias em algum lugar distante por aí.

Um conhecido que trabalhava com leilão de automóveis viu uma antiga ambulância do exército, Toyota Bandeirante, e me mostrou. Olhei e pensei:

Cabe uma casinha na parte de trás.

Convidei o mecânico MacGyver para olhar o motor.

— Cara, vamos lá ver esta antiga ambulância.

MacGyver aprovou. Conversando com o mecânico, descobri que o veículo quase nada havia rodado, a não ser internamente, no quartel. Comecei a adaptar a casinha que, a bem da verdade, consiste numa barraca de teto atrás do veículo, inclusive com toldo. Ali, teria a chance de dormir sob a barraca e cozinhar sobre ela. Em seu interior, fogão, geladeira, armário e uma pequena cama. Tudo simples e funcional, somava uma pequena estrutura de sobrevivência. Alguns testes foram feitos e eu só saberia do bom funcionamento com o uso.

Dizem que um fruto nunca cai distante do pé. Em comparação, o carro que escolhi para vencer o asfalto se encaixa nessa reflexão, porque o veículo ora utilizado como ambulância do Exército Brasileiro continuaria a prestar serviços humanitários. Eu só ainda não fazia ideia "de qual" serviço prestaria e muito menos a quem. A voz, habitualmente monossilábica, só dera uma dica.

— É isso aí!

A viagem foi ideia minha e começou como uma maneira de me reaproximar do Cabeça, o meu irmão mais velho, um cara que amo e que respeito do jeito que é, meio doidão e de pavio curto. Ele me acompanhou por um ano e meio, junto com outro "cara"; o Carona, sim, com letra maiúscula, como se fosse uma pessoa, um amigo. Trata-se do bom e velho Toyota Bandeirante, que recebeu esse nome porque os amigos que viviam ou estavam em viagem de férias pelas regiões do Brasil ou do exterior, cientes do nosso roteiro divulgado nas redes sociais, pediam carona.

— Quando você passar em tal lugar, vou te encontrar e pegar carona até tal lugar. – diziam eles.

Só o Carona, um carinha temperamental que me deixou na mão umas tantas vezes, daria uns bons dois ou três livros.

Com a experiência acumulada por tantas viagens a trabalho, descobri que a viagem pela viagem, para *turistar*, cansa e, para mim, já não tinha sentido. Qualquer pessoa que investigar o baú das lembranças vai perceber que até uma viagem simples de sete dias para o nordeste cansa, pois prevê uma rotina: aéreo – hospedagem – passeios – compras – hospedagem – aéreo.

Ciente disso, nunca pretendi viajar o mundo a passeio. Queria carregar comigo uma causa, um propósito, sem os quais a viagem terminaria antes do tempo. E tempo, eu teria de sobra.

Outra questão relevante dizia respeito às pessoas do

lugar, e não ao movimento turístico. Eu não queria ver só os pontos mais visitados. Ansiava saber como vivia a população daquele lugar e, a fim de que, quem sabe, ajudá-la de alguma maneira, por conta de um pensamento:

> "Se as pessoas do mundo todo serão minhas anfitriãs, apenas visitar o lugar onde vivem é insuficiente. Eu preciso fazer algo por elas, em retribuição à acolhida."

A interação real e não turística me daria a chance de conhecer uma realidade que a maioria não vê. Criei uma palestra que traçava a analogia entre o Carona e a vida. O plano se resumia a ministrar a palestra por onde estivesse. E o Rotary surgiu em minha mente, uma instituição internacional filantrópica e livre de ideais políticos.

A sinopse da palestra era a seguinte:

Vou fazer a volta ao mundo num carro velho. Muita gente afirma que não chegarei sequer até a fronteira do Brasil. Vou cuidar bem do carro, avaliar o seu comportamento, fazer as manutenções preventiva e corretiva, os ajustes e tudo mais que ele precisar. A sua cabeça é o seu carro. Ao ajustar os pensamentos, e retirar as crenças negativas, o seu carro vai te levar muito além da fronteira imaginável.

Convidado a apresentar minha palestra no Rotary e munido deste caminho análogo, percorri pelo terreno da oratória. Se a poderosa voz nunca falha, a minha fé muito menos. Dentre os presentes que assistiam, "por coincidência" estava Humberto Silva, presidente mundial do Projeto Hepatite Zero.

Visionário nato, ele vislumbrou a conciliação entre a palestra, a viagem e o projeto.

— Você gostaria de se tornar embaixador do Projeto Hepatite Zero?

Carona para o mundo

— Preciso ser sincero. Eu não sei nada sobre Hepatite.

— Isso é fácil de se resolver. O que eu quero é "sim" ou "não".

— Sim. - respondi, convicto.

Entrei de cabeça num curso intensivo sobre hepatite. A princípio, a tarefa incumbida pelo Rotary consistia em parar o carro nas cidades, realizar palestras informativas sobre a situação atual das hepatites e seus riscos, fazer a testagem de hepatite na população e enviar o relatório ao Projeto Hepatite Zero. Outra incumbência resultava em formar embaixadores que se responsabilizassem pela ampliação do trabalho na região.

A bem da verdade, ainda não sabíamos ao certo como se daria, na prática, o expediente. Meu irmão Cabeça topou a empreitada e seguimos para uma viagem-piloto, a fim de testar a força do nosso amigo Carona.

Sem assessor de imprensa, eu chegava à cidade, telefonava para a mídia local e fazia a sugestão de pauta. Não demorava muito e os jornalistas chegavam, divulgando o trabalho e aproximando a população. Assim, massificávamos o projeto. Eu abracei a erradicação de tal maneira que o próprio presidente mundial do projeto, tempos depois, me reconheceria em seu livro como um dos líderes dessa missão humanitária.

De São Paulo até Foz do Iguaçu, diversas matérias haviam sido veiculadas, provocadas por mim, pelo Rotary local, ou resultantes da mídia espontânea. A imprensa motivava a população: "o teste é simples, basta um furo no dedo e qualquer pessoa pode fazer na hora, gratuitamente". - diziam os jornalistas.

Fred Mesquita

O trecho-piloto para testar o Carona foi emblemático, do Brasil ao Paraguai, partindo de um lado de São Paulo e voltando pelo outro. Começaram aqui os problemas, os empecilhos, as surpresas e as razões que fariam muitos desistirem. Contudo, eu, meu irmão Cabeça e o Carona estávamos dispostos a tudo. É hora de te contar como foi o início da jornada com o pé na estrada.

CAPÍTULO 4

O TESTE DE FOGO DO CARONA

"Em tese, suportamos muita coisa. Em teste, desistimos da maioria delas. Somos, portanto, o resultado prático entre a tese e os testes."

CAPÍTULO 4

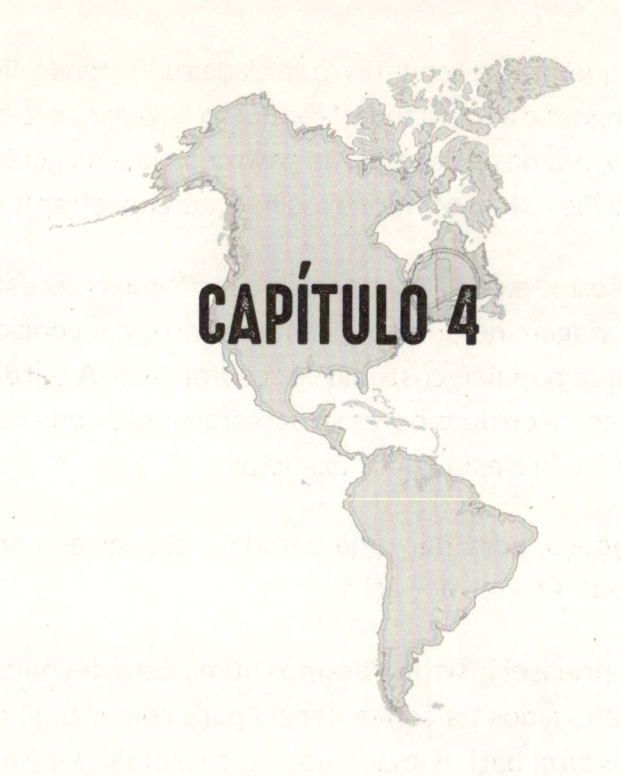

Com o *checklist* pronto, embarcamos. E deu tudo errado... A caminho de Ubatuba, primeiro destino, percebemos os primeiros problemas. O Carona era quente, apertado, batia muito, e mostrava-se duro nas curvas. Se ligássemos o ar-condicionado, o motor esquentava. A fantasia de viajar o mundo deu mostras de ser uma grande ilusão e "o troço" seria bem mais complicado do que pensávamos. Por isso, decidi escrever um livro diferente. Cansei-me de ler obras dos viajantes que parecem jamais enfrentar adversidades e lembro de ter confidenciado a um amigo de longa data:

Carona para o mundo

— Eu quero escrever um livro verdadeiro. Pretendo dividir os perrengues e a porra toda. Não quero enganar os leitores e falar apenas das paisagens, da gastronomia e da gentileza dos anfitriões. Nem sempre é assim. Quero mostrar tudo!

E aqui estou eu, detalhando aquilo que o leitor merece saber. Uma viagem de dez horas em um carro convencional, mesmo que popular, costuma ser confortável. A bordo do Carona, cerca de duas horas se passaram desde que deixamos São Paulo e estávamos exaustos.

— Cabeça, bora dar uma parada e esticar as pernas, que tá foda. O que você acha?

Nem precisei insistir. Paramos num posto, fechamos o carro e entramos na conveniência para comer uma coxinha. Na volta, bati as mãos nos bolsos, olhei para o Cabeça e ato contínuo: olhei para o painel do carro. A chave estava lá, bonitinha. E o Carona, trancado e com os dois patetas do lado de fora. Foi a primeira briga da viagem. Vale mencionar que em matéria de temperamento, eu e Cabeça somos opostos. Aliás, Cabeça poderia ministrar cursos sobre impaciência e explosão. Não deu outra...

— Caralho, Fred. Você é burro demais. Como pode ter esquecido a chave aí dentro? Não quero nem saber: se vira!

Por trás do problema, procurei a solução. Não tínhamos seguro porque a cobertura internacional inviabilizava a contratação. Pensei num chaveiro, cogitei com Cabeça e ele mandou outra pedrada.

— Boa ideia, gênio. Não diga que vamos precisar de um chaveiro? Mas você vai pagar essa porra do seu bolso.

Alguns romeiros entraram no posto, viram a discussão e se aproximaram. Um deles perguntou:

— O que aconteceu aí?

Explicamos e ele declamou uma poesia.

— Só isso? A gente resolve.

Virei para tripudiar, tirar um sarro do irmão e, no instante seguinte, a porta já estava aberta. Não bastasse ter aberto o Carona, um deles ainda me explicou como fazer, caso acontecesse outra vez. Acho que eles deveriam ser ladrões de carro e estavam fazendo o caminho até Aparecida para pagar seus pecados, pensei eu em um tom de piada. Agradecemos, comemoramos e seguimos viagem. Até o Cabeça voltou a esboçar um sorriso.

Na serra Mogi-Bertioga, com suas inconfundíveis curvas-cotovelo, coloquei o Carona em ponto morto e fui freando, sem me dar conta (cabaço) de que dirigia um carro de 3,2T. De repente, o cheiro de queimado surgiu. Meu pé, que pressionava o freio, desceu até o tapete do carro. Estávamos por nossa conta e sem nada de freio. Carona, empolgado pela descida, ganhava mais velocidade. Lembro-me de ter gritado.

— Cabeça, acabou o freio, caralho!

— Pelo amor de Deus, Fred. Reduz essa porra!

Carona para o mundo

Reduzi e, com o solavanco da marcha de redução, o motor fez um barulho que nos assustou ainda mais. Felizmente, à frente surgiu uma subida. E digo felizmente porque se o próximo trecho fosse uma descida, este livro não estaria em suas mãos.

Carona foi perdendo velocidade e parei na baia de emergência da subida. Corri daqui, enquanto Cabeça correu de lá. A cena lembraria com tranquilidade algum episódio daquela série dos anos 50, isto é, "O gordo e o magro". Pegamos o extintor, nos aproximamos e descobrimos que só fumaça existia ali. Cabeça bateu seu martelo.

— Vamos voltar, Fred. Esse carro quase pegou fogo e por pouco não fomos para o despenhadeiro. A gente fala pra todo mundo que não vai rolar e ponto final. Menos de 150km e o carro já não aguenta.

Conversamos e o convenci a seguir viagem, depois do reparo. Chegando em Ubatuba, contamos a um mecânico o que aconteceu.

— Peraí, você desceu freando, no ponto morto? Tem que descer no freio motor, reduzindo, pô.

— Ah, mas o motor berra nessas condições. – aleguei, tentando disfarçar a minha total inexperiência com o carro.

— Pode deixar o motor gritar. Ele aguenta. Foi feito pra isso. O que você não deve fazer é colocar o danado no ponto morto!

Subimos a serra e Carona rendia tanto quanto uma tartaruga. O segundo destino, Presidente Prudente. Estávamos a 85 ou 90km/h. O máximo que Carona alcançava, se a ladeira fosse das maiores, era algo próximo a 100km/h. E na Rodovia Castello Branco, a rotação do motor desabou. Bombeei o acelerador, a pedido de Cabeça e nada. Parei no acostamento e telefonamos para MacGyver, aquele mesmo que avalizou a qualidade do motor.

— Porra, MacGyver, você disse que o motor estava em ótimas condições!

E contei a ele os dois episódios. A orientação foi clara.

— Fred, abra o capô. Tá vendo o filtro de combustível?

Eu não fazia a menor ideia. Paciente, MacGyver explicou.

— Na lateral direita do motor, uma peça redondinha com uma pequena bomba. Diga para o seu irmão ligar o carro e dê uma bombeada nessa peça.

O motor voltou ao normal e MacGyver colocou uma pulga de dez quilos em minha orelha.

— Fred, você chegou a perguntar ao vendedor se o tanque de diesel estava limpo?

Carona estabeleceu, a partir dali, uma espécie de acordo conosco. A cada 300km, seu motor fazia *bóóóóóóóó* e perdia rotação. Um de nós descia, bombeava e ele voltava ao normal. Deveríamos ter resolvido de vez, mas como bons brasileiros, ficamos com a "solução gambiarra" de bombear o Carona. Até que chegamos a Prudente.

Em acordo com o Rotary, Carona, que começava a ficar

Carona para o mundo

famoso, ficaria exposto no interior de um shopping da cidade, em que faríamos as testagens. A imprensa estava agitada e todos queriam uma entrevista com os irmãos que viajariam o mundo num velho Toyota Bandeirante, com o propósito de erradicar a hepatite. Eles só não sabiam que, naquele instante, Cabeça e eu não estávamos certos de que o Carona aguentaria chegar sequer ao Paraná.

Em Foz do Iguaçu, o presidente Humberto teve uma ideia e nos chamou para conversar.

— Quero vocês no Rio de Janeiro amanhã cedinho. Pode ser?

— Como assim? Estamos em Foz. – indaguei.

— Estou enviando as passagens. Deixem o Carona por aí e venham participar de uma reunião conosco.

Fizemos um bate e volta e fomos encontrá-lo.

— Gostei muito do empenho de vocês e tenho acompanhado a movimentação da imprensa por onde vocês têm passado. Se aceitarem, o Rotary vai adesivar o Carona. Além de divulgar a missão humanitária, vai ajudar nas fronteiras e na liberação por conta de eventual fiscalização. Afinal, o Carona passará a ser um carro oficial. E tem mais: vocês merecem uma equipe. Estão viajando, cansados e precisam de apoio. Quero alguém para receber vocês em cada cidade, para fazer contato com a imprensa e, se possível, conseguir hospedagem. Se não houver como hospedá-los, algum rotariano poderá recebê-los para uma noite aqui ou ali.

Fred Mesquita

Agradecemos pelo apoio, voltamos para Foz, cumprimos a missão na região e, chegando ao Paraguai, tínhamos o contato de um rapaz que iria até a fronteira conosco. Embora não recebêssemos dinheiro do Rotary, o projeto nos oferecia ajuda por meio de guias, de alojamento e de divulgação, sempre com a colaboração do Rotary local. Esse guia foi nos liberando a cada parada policial, pois existe a lenda de que os policiais da região têm o hábito de extorquir os motoristas estrangeiros. E quando o guia ficou, em Santa Rita, uma diplomata do Itamaraty nos preparou uma carta, um salvo-conduto a ser entregue aos outros policiais que nos parassem.

Na região, tivemos um encontro com o cirurgião e ex-presidente paraguaio Federico Franco, apoiador da causa rotariana contra a hepatite. No início da reunião, ele se mostrou formal e ao término, estávamos cantando o hino do Corinthians. Na despedida, ele deu três telefonemas, para que os policiais não nos importunassem. Depois disso, passávamos pelas guaritas e os policiais quase prestavam continência. Em linhas gerais, aproveito a ocasião para agradecer aos amigos do Paraguai, de modo que tão bem nos receberam.

Seguimos viagem. À exceção dos momentos em que precisávamos bombear e restabelecer o funcionamento da bomba de diesel, Carona seguia firme. Vez e outra, dormíamos em alojamentos providenciados pelo Rotary, e também estacionávamos o Carona e, se fosse necessário, em postos de gasolina.

Na Bahia, no dia 26 de dezembro, especificamente às 11h da manhã, Cabeça foi bombear o Carona. Naquele dia, ele não aceitou mais ser bombeado. Em definitivo, deixou de funcionar. Esse foi o presente de aniversário do Cabeça, pois tinha feito mais um ano de vida na noite anterior. O sinal do celular estava péssimo. Com muito esforço, conseguimos conversar com MacGyver.

Carona para o mundo

— Fred, este carro precisa de um novo filtro. Vocês levaram filtro extra?

— Não.

— Como vocês vão fazer uma viagem tão longa e não levam filtro?

— Pois é. – foi tudo o que pude responder.

Quando a pessoa entende de motor, ela sabe onde mexer e suja só as mãos. Do contrário, até a alma fica suja. Assim estava Cabeça: todo sujo de graxa e furioso. Sugeri que ele ficasse e fui à beira da estrada pedir carona para ir até a cidade mais próxima comprar um filtro.
Depois de muitos carros, um motorista parou.

— Cara, eu te levo até a cidade mais próxima.

Eu e esse motorista "gente boa" engatamos numa conversa sobre a viagem, sobre o projeto e não me lembrei de marcar a quilometragem de onde haviam ficado o Carona e o Cabeça. Para agravar, também não percebi o quão longe tinham ficado. Depois que desembarquei do carro, para mim, Cabeça e Carona tinham ficado a uns 30 km.
Finalmente, depois de muito esforço, encontrei um mecânico, pois tudo estava fechado àquela altura do campeonato, porém ele só tinha filtro de Corcel. Procurei outro que tinha filtro de S-10. Na dúvida, comprei ambos. Um deles haveria de servir. Ainda levei alguns parafusos, caso precisasse improvisar um aperto e compensar o desencaixe.
Com o sol da Bahia rachando o coco, fui até a saída da cidade e pedi carona para voltar ao carro. Mais uma vez,

escutei muitos "nãos", até que um *Troller* parou. Um rapaz mais ou menos da minha idade o dirigia, ao lado daquela que presumi ser a sua esposa. Fui logo saudá-lo.

— Pô, só um *jipeiro* para dar carona a outro. Meu carro travou. Eu e meu irmão estamos dando a volta ao mundo de carro e o filtro se foi. É um Toyota Bandeirante e tá parado a mais ou menos 30km daqui. – Assim dito, mostrei as peças recém-compradas e pedi carona para voltar ao meu carro.

— *Puts*, cara. Eu te levaria, mas olha só como tá o meu carro.

De férias pela Bahia, estava carregando quase uma casa inteira na parte de trás. Não caberia uma pulga. Porém, eu não poderia perder a oportunidade:

— Bom, então você pode levar os filtros para o meu irmão?

Quando ele ia aceitando, eu me lembrei das palavras do mecânico e declinei.

— Pensando melhor, não vai dar certo. O mecânico deu uma série de dicas para instalar e o meu irmão não vai saber, porque o cara explicou pra mim. Deixa quieto, vou esperar outra carona.

O cara refletiu, desceu do carro, sentou-se no banco do passageiro, colocou a esposa no colo e, por ser gente finíssima, concluiu o que faria:

— Vá dirigindo.

Onde esse cara estiver, espero que leia o livro, para receber a minha gratidão. Quantas pessoas fariam isso por um completo estranho?

Carona para o mundo

Até aqui, estaria tudo certo e resolvido. Em vez dos 30km de distância que eu supunha, Carona e Cabeça estavam a 70km dali.

Depois dos 30km percorridos, vieram os 40, 50km e a tensão foi tomando conta do ambiente. A moça estava nervosa e o dono do carro, que de início se mostrou todo falante, agora estava mudo. Mostrei um cartão, comecei a me justificar, pedi desculpas pela demora, e o fato é que quanto mais eu justificava, mais dava a impressão contrária.

— Na próxima baixada. – eu dizia.

E nada.

— Agora, tá chegando. É na próxima baixada. – eu repetia, confiante e nada.

E 70km de angústia depois, lá estavam Cabeça e Carona. O primeiro, impaciente. O segundo, dormindo por razões óbvias.

O *jipeiro* enfim desabafou.

— Puta merda, Fred. Que cagaço, cara. Pensei que fosse nos assaltar. Esta viagem curta parece que foi de 200km.

Ele ficou fascinado pelo Carona. Tiramos uma *selfie*, nos abraçamos e ele se despediu com a esposa; ambos visivelmente aliviados. Peça trocada, fomos até a Chapada Diamantina e estacionamos o Carona num *camping*. Ali, passamos a virada do ano, em companhia de alguns amigos que foram nos encontrar. Cada amigo trazia uma bebida e colocávamos na geladeira do Carona.

Fred Mesquita

No dia 01 de janeiro de 2016, estávamos eu e Cabeça sentados na parte externa do Carona, que estava com o toldo abaixado e cadeirinhas do lado de fora. Um frequentador do *camping* chegou e fez o seu pedido.

— Você me vê dois sucos, por favor?

— Suco?

— Pode ser de uva.

— Como assim, amigo? Não vendemos nada.

— Isso aí não é um *food truck*? *Puts*, me desculpe. É que na noite da virada eu vi vocês servindo bebidas para a galera que estava aqui.

— Eram todos amigos. Só estavam usando a nossa geladeira...

Explicamos do que se tratava o veículo. O jeito foi dar risada e seguir viagem para retomar as atividades do projeto.

Na Bahia, encontramos um dos mais altos índices de hepatite. Examinamos 450 pessoas e o resultado positivo chegou a 2,5% desse público, contra 1% da média nacional.

Nas ocasiões, o tempo nos ensinou algo interessante: como dar a notícia. Num país em que 95% da população portadora de hepatite não sabe, é natural que as pessoas se assustem, ao descobrir. O primeiro teste positivo que encarei foi o de um homem na faixa dos 40 anos, que ficou surpreso, totalmente desestabilizado e isso acabou me assustando. Procurei tranquilizá-lo.

— Calma. É só um resultado positivo. O diagnóstico

Carona para o mundo

que vai determinar se você precisa ou não de tratamento será feito mais tarde, e por meio de outros exames complementares. Talvez, nem haja a necessidade de tratar.

Ele se foi, mais calmo e visivelmente agradecido.

Hoje, em vez de dizer que o teste deu positivo, informamos que a pessoa teve contato com o vírus e sugerimos que investigue e que faça exames complementares nos órgãos responsáveis.

Após umas duas horas, o quarentão cujo teste deu positivo voltou, acompanhado da esposa e das duas filhas. Eu me assustei ao revê-lo.

— Fred, eu vim aqui com a minha família para agradecer. Ele disse essas palavras com os olhos cheios de lágrimas. Graças ao teste, vou poder tratar a hepatite e ver as minhas filhas crescerem. Não tenho palavras para agradecer o que você fez por mim. Posso te dar um abraço?

E depois daquele abraço de gratidão, agradeci à voz poderosa, e que sempre me guia, pela ideia que tive. Mais uma vez, eu estava no lugar certo, ainda que nosso pouco fosse incerto, fazendo a coisa certa num país em que as coisas erradas são tão comuns.

Eis as cidades percorridas durante o teste do Carona. E vale dizer que estão relacionadas somente aquelas onde paramos e fizemos o trabalho filantrópico.

Brasil; São Paulo – Ubatuba – Presidente Prudente – Londrina – Maringá – Cascavel – Céu Azul – Foz do Iguaçu. Paraguai; Santa Rita – Caaguazú – Asunción – San Estanislao – Santa Rosa del Aguaray. De volta ao Brasil; Ponta

Fred Mesquita

Porã – Campo Grande - Chapadão do Sul – Rio Verde – Goiânia – Pirenópolis – Brasília – Barreiras – Lençóis – Ipirá - Feira de Santana – Salvador – Itaparica – Barra Grande, Maraú – Itacaré – Porto Seguro – Arraial d'Ajuda – Caraíva – Vitória – Arraial do Cabo – Trindade – São Paulo.

Com um teste de fogo tão amplo, entendemos que o Carona estava aprovadíssimo...

CAPÍTULO 5

QUANDO A SIMPLICIDADE TE ENSINA A REVER OS VALORES

"A mais humilde casa pode esconder uma nobreza jamais encontrada nos palácios."

Fred Mesquita

CAPÍTULO 5

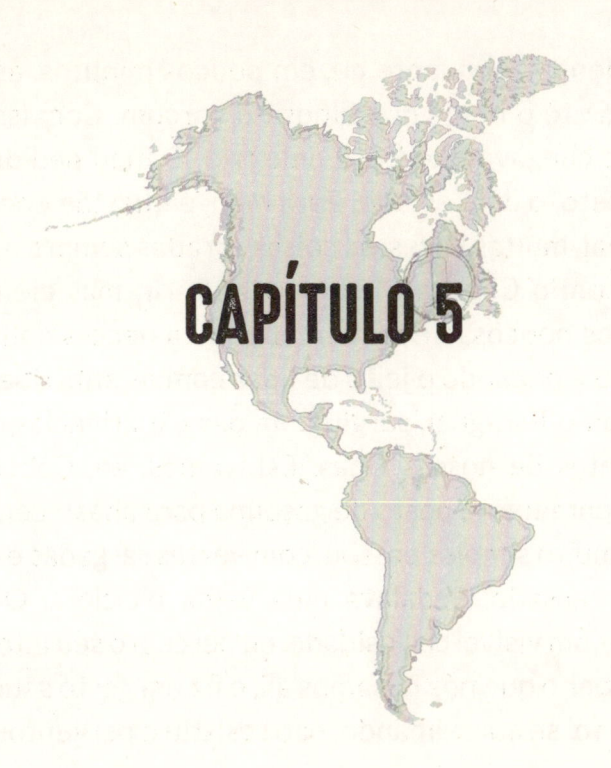

No dia do primeiro teste positivo e da reação de um abraço caloroso, agradecido, entendi que a viagem não era minha ou do Cabeça. Nunca foi. A voz poderosa aproveitou o meu gosto por viagens e me colocou diante de muitas idas e vindas, até apresentar o projeto que, sem dúvida, está marcando a minha vida para sempre.

Viagem que segue, e uma vez na estrada, estamos expostos a tudo. Por essa razão, o olhar que direcionamos a outra pessoa deve ser respeitoso. Uma vez na rua, dependemos muito mais das pessoas do que vivendo dentro da doméstica redoma de concreto. Cabeça sofreu um bocado com isso. Mais fechadão, conversava pouco com

Carona para o mundo

os atendentes, enquanto eu, em poucos minutos, às vezes sabia até o nome dos filhos do garçom. Com isso, o meu bife chegava quente, o dele frio. O meu pedido vinha correto, o dele errado. Para mim, é questão energética, afinal, muitas vezes, as coisas erradas sempre aconteciam com o Cabeça e eu morria de rir, mas ele nem tanto. Aos poucos, ele foi percebendo a necessidade de interação e pegando o jeito de lidar com os anfitriões.

Ainda no Paraguai, surgiu uma das experiências mais impactantes de nossas vidas. Estávamos, eu, Cabeça e Carona, parados no posto de gasolina para abastecer. Um homem muito simples passou, com vestes rasgadas e com aspecto cansado. Pedalava uma velha bicicleta. Olhou para nós com visível curiosidade, eu percebi o seu interesse em saber o que nós fazíamos ali, e fiz um gesto saudando-o, ele foi se aproximando, não resistiu e perguntou.

— Muito prazer, meu nome é Nicolas. O que vocês estão fazendo com este carro?

Apertamos as mãos, apresentei a mim, ao meu irmão e expliquei em detalhes a missão humanitária. Nicolas ficou interessado. Fez o teste e deu negativo. Em seguida, surgiu um convite.

— Querem jantar em minha casa?

Sem pensar, respondi que sim. Toda a viagem seria marcada por este dia, em que nascia "a lei do sim". Cabeça ficou contrariado.

— Vou avisar a mulher e já volto. – respondeu o ciclista.

— Você tá louco, Fred? – Cabeça perguntou.

— Ué, me deu na cabeça aceitar e aceitei. O que há de mais?

— Onde a gente vai se enfiar? E se o cara for um assassino?

Descansamos um pouco naquele posto que ficava num pequeno vilarejo paraguaio. Nicolas disse que só iria avisar a sua esposa e que voltava. Quase duas horas após o encontro com o ciclista, Cabeça começou a me pressionar para ir embora, no exato momento em que o ciclista voltou, todo feliz. Tinha trocado de roupa e se esforçado para melhorar a apresentação pessoal.

— Tudo pronto, rapazes. A minha mulher está nos esperando.

Agradeci e propus:

— Coloque a sua bicicleta em nosso carro e vamos na cabine conosco.

— Não, de jeito nenhum.

Aparentemente, Nicolas não desejava incomodar e, ao mesmo tempo, queria ser útil e gentil. Ele foi pedalando e nós o seguimos, devagar. Uma distância de aproximadamente cinco quilômetros separava o posto de gasolina da casa dele, feita de barro e com teto de palha, cujo espaço total não ultrapassava 20m². No interior da casa, a mesma precariedade me cortou o coração. Fora da casa, sua mulher, acocorada, se ocupava do "fogão", que se resumia a dois tijolos com uma pequena armação ao centro, para sustentar a panela.

Carona para o mundo

Olhei para o Cabeça e vi uma comoção no olhar dele, uma espécie de arrependimento por ter resistido ao convite. E, no fundo, entendemos a origem da demora. O casal estava "arrumando" suas acomodações para nos receber.

Na mesinha improvisada, quatro pratinhos de plástico estavam postos. Nosso anfitrião trouxe a panela de arroz, sorridente e visivelmente feliz. E fomos todos servidos de arroz. Ato contínuo, a esposa dele se aproximou e a cena seguinte me faz chorar toda vez que narro a história: nas mãos dela, um ovo cortado ao meio e um pequeno pedaço de bife também dividido em duas partes. Eles colocaram o bife e o ovo em nossos pratos e, no prato deles, anfitriões, apenas arroz. Protestei, me propus a cortar e a dividir as guarnições. Cabeça fez o mesmo. Mas nosso anfitrião não permitiu. Disse ele:

— Vocês são os convidados especiais aqui, hoje. Então, vão comer o melhor.

Seguramente, eles acabavam de servir o que de mais precioso possuíam. Eu e Cabeça experimentamos uma mistura de sentimentos: estávamos lisonjeados, admirados, felizes e péssimos.

Naquela noite, me senti um bosta. Percebi que na vida temos tudo e que somos egoístas não por escolha, e sim pela condição natural e social da vida nas grandes capitais. A experiência com Nicolas mudou toda a minha cadeia de valores. Com isso, me vi pensando:

Poxa, uma das mais preciosas lições que aprendi foi ensinada por um dos casais mais simples que conheci.

Cabeça, por sua vez, também ficou bastante abalado. Ali, ambos entendemos que julgar a pessoa pelo estereótipo ou pela condição seria uma coisa que procuraríamos não fazer outra vez ao curso de toda a viagem.

Nicolas ficara um tempão arrumando a sua miséria, tentando deixá-la mais bela ou menos sofrível aos olhos dos convidados. Serviu o que tinha de melhor e devo admitir que foi um banquete. O melhor arroz com bife e ovo que comemos em toda a nossa vida foi aquele. Uma parte do prato tinha sabor de generosidade. Outra, de culpa pelo fato de nossos anfitriões não aceitarem a divisão do alimento. Não bastasse tamanha generosidade, a todo o instante o casal agradecia pela nossa presença.

Ao sair, queríamos deixar um dinheiro para Nicolas, mas o *feeling* sugeriu que ofenderíamos os nossos anfitriões. Após as despedidas, entramos no carro em silêncio, com a melhor lição de nossas vidas e, ao mesmo tempo, em total silêncio. Não conseguíamos dizer uma palavra um para o outro. Até mesmo o motor do Carona, naquela noite, parecia mais silencioso.

A lei do sim estava vigente a partir de Nicolas.

A essa altura, estávamos adaptados às limitações do amigo Carona. Entretanto, temíamos que ele não aguentasse, naquelas condições, rodar pelo mundo. Algo precisaria ser feito para melhorar o seu rendimento. As ladeiras do trecho baiano fizeram com que eu e Cabeça pensássemos em turbinar o motor do Carona. Cogitamos a possibilidade numa rede social específica para debates e escutamos todo tipo de opinião. Nenhuma delas levava a lugar algum.

Nerceu, um mecânico de Toyota do Rio Grande do Sul, foi como um anjo. Chamou-me na conversa privada, longe daquele *chat* onde ninguém se entendia, e foi muito prestativo.

Carona para o mundo

— Fred, eu e meu irmão Nei, também mecânico, fizemos uma expedição do Brasil ao Alaska com o mesmo carro que vocês estão usando. Conheço cada porca e cada parafuso desse carro de olhos fechados. No roteiro, vocês vão passar pelo Rio Grande do Sul?

— Sim, iremos.

— Então, vocês vão ficar hospedados em minha casa. Vou ensinar a mecânica básica do carro e deixá-lo redondo para o seu projeto.

A voz poderosa surgiu outra vez e deu a ordem.

— Vá!

Ficamos uma semana na casa de Nerceu. Segundo o relato deles, os dois irmãos eram mais ou menos como eu e Cabeça. Nerceu, mais comedido e caseiro. Nei, mais explosivo e "da balada". No Rio Grande do Sul, eu queria aprender tudo com Nerceu, para cuidar do Carona da melhor maneira. Cabeça também se esforçou muito e quando não estava aprendendo, partia com o seu novo amigo Nei para alguma noitada gaúcha. Foi uma semana fantástica, com muito churrasco, boa conversa e aprendizado. Nerceu instalou um turbo no Carona e o deixou zerado. Nasceu uma amizade que dura até hoje, pois toda semana conversamos.

Em Montevidéu, no Uruguai, duas experiências foram marcantes. Conhecemos um rapaz chamado Rafael, que também estava viajando pela América Latina de carro. Ele nos fez companhia durante o trajeto uruguaio. Em dois carros, viajávamos juntos. A primeira das experiências marcantes estava relacionada a outra lei que eu e Cabeça estabelecemos: a cada dois dias, deve-se tomar um banho, seja de rio ou de chuveiro. O outro rapaz, Rafael, também disse que precisava de um banho com urgência. Então, tive a ideia de pedir um banho para cada um de nós na Marina da região, porque me lembrei que eles costumavam ser muito afetuosos com os velejadores (só não me lembrei do detalhe de que naquela ocasião eu não estava viajando a bordo de um veleiro). Bati à porta e fiquei uns 30 minutos contando a nossa história. No fim, meu interlocutor deu a resposta.

— Não!

Fomos a uma segunda marina.

— Não!

Na terceira, já pensando em desistir, ouvimos um sim condicional.

— Podem tomar banho, mas o nosso chuveiro não está aquecendo. Vocês terão de encarar a água fria.

Com o inverno rigoroso do Uruguai, desta vez o não foi nosso. Agradecemos e partimos dali às pressas, com medo da água fria. Tive a ideia de pedir um banho aos bombeiros.

— Cabeça, acho que pode dar certo. Bombeiros costumam ser generosos e, além disso, se não tiver água por lá, não tem em lugar algum.

O soldado nos levou até o superior. Contei a nossa história ao tenente.

Carona para o mundo

— Estamos viajando o mundo de carro e a gente soube que os bombeiros costumam ajudar os viajantes. Será que podemos tomar um banho quente no quartel?

O tenente permitiu. Generoso, foi nos dizendo aquilo que cada viatura fazia, sem perceber que estávamos loucos para entrar logo no chuveiro.

— Este carro apaga as chamas em grandes prédios. Este outro é usado em prédios térreos.

Em seguida, nos explicou a relação entre a melodia de cada sirene e que tipo de carro deveria sair. Foram mais de 30 minutos e nos tornamos peritos em viaturas e em sirenes. Até que chegamos à ala reservada aos banheiros que, de reservados, nada tinham.

— Aí está. Podem tomar banho!

Não havia divisórias e o espaço entre cada cano de chuveiro não ultrapassava um metro. Privacidade zero. Os três olharam um para o outro. Se confessássemos o constrangimento de três homens pelados tomando banho um ao lado do outro, o bombeiro com certeza tiraria sarro. Tive uma ideia que nos fez rir muito e resolveu o impasse.

— Galera, eu olho pra frente. Você olha pra esquerda. E você, pra direita. Se cair algum sabonete, ninguém pega!

Agradecemos e, quando deixamos o quartel, ainda estávamos rindo da situação. Em seguida, eu e Cabeça nos encontramos com José Alberto Mujica Cordano, conhecido popularmente como Pepe Mujica, ex-presidente do Uruguai, em seu sítio, pois ele queria saber um pouco mais sobre o projeto. Levamos dois representantes de uma ONG local, explicamos a situação da hepatite por lá e tivemos a ajuda dele. Num primeiro momento, ele disse, com o tom delicado, a despeito das palavras escolhidas:

— Eu não vou me meter nisso, tá bom? Só quero entender.

Depois de ouvir e entender tudo o que fazíamos, Mujica se meteu e nos ajudou a alcançar o máximo de testagens.

E pelas cidades onde parávamos, as pessoas elogiavam o nosso trabalho. Dizem que ao fazer algo pelo semelhante, o universo nos dá em dobro. Os dois irmãos, no sul do Brasil, salvaram a vida do Carona. Nicolas, no Paraguai, nos ensinou uma das maiores lições. As duas experiências me mostraram que essa crença do dobro está totalmente errada. Quando nos dedicamos de corpo e alma, sem pensar em nada em troca, o universo nos dá dez vezes mais daquilo que foi feito.

No Sul, e quem visita a região bem sabe disso, portais são atravessados. De um lugar a outro, parece que voltamos no tempo e, em vez da tecnologia de ponta, boa parte do que se produz é usado pelas mãos. Embora estejamos no Brasil, alguns lugares parecem ruas da Alemanha. E pelas serras catarinenses, gaúchas, nos deparávamos com muitos universos dentro de poucos quilômetros, desde o jeito de andar das pessoas até a arquitetura, passando pela gastronomia e alcançando até os cheiros e os costumes.

Atuar como voluntário num projeto de repercussão internacional não quer dizer que a vida será só flores, reconhecimento, gratidão e imprensa. Em alguns lugares, as pessoas nos tratam mal, reclamam da fila para fazer a testagem e chegam a dizer coisas como:

Carona para o mundo

— Fiquei mais de 30 minutos nesta merda de fila. Vocês deveriam trazer mais gente neste carro!

A boa notícia é que essas pessoas representam, se muito, 1% da população que alcançamos, invariavelmente grata e sensível ao tema. Ainda assim, é justo revelar a existência desses 1%, porque, de repente, a pessoa que já fez isso lê a obra, se constrange diante de tantos dignos exemplos e passa a agir de maneira mais evoluída.

Cumprimos a agenda, efetivamos os testes e estávamos muito felizes com o novo Carona. O velho tanque de aço, enferrujado e sujo, dera lugar a um tanque novinho. E desde que Nerceu colocara as suas habilidosas mãos no motor, Carona nunca mais precisou ser bombeado. Agora sim, o amigo de quatro rodas mostrava ser capaz de nos dar carona para o mundo.

CAPÍTULO 6

A PROVA DE QUE TODO "NÃO" ESCONDE UMA OPORTUNIDADE

"Dizer não é algo que poupa explicações, porque nem todos estão dispostos a questionar."

Fred Mesquita

CAPÍTULO 6

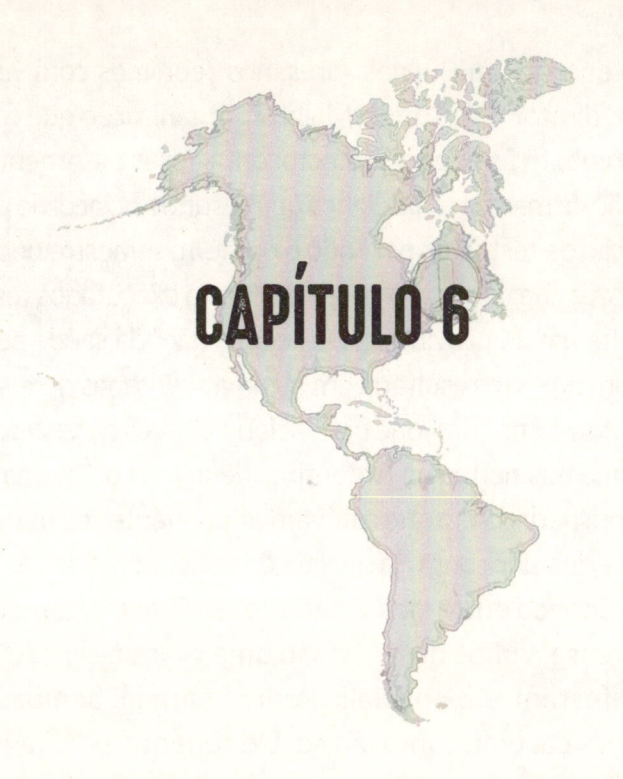

Carona estava chique, com o motor tinindo, com pintura e adesivos novos. Passando pela Argentina, tivemos a primeira experiência com legislações de saúde que têm entendimento diverso ao nosso. A vigilância sanitária argentina não reconhece e tampouco autoriza os testes. E por isso, em respeito à política de saúde local, não aplicamos um só teste. Contudo, o "não" costuma esconder alguma oportunidade e, nesse caso, foi bem assim mesmo. A poderosa voz surgiu e trouxe duas palavras.

— Vá negociar!

Carona para o mundo

Foi o que fiz. Em Buenos Aires, nos reunimos com Jorge Gonzalez, diretor do Instituto Malbran, organização que coordena o combate às doenças infectocontagiosas na Argentina. Da reunião, firmamos uma aliança que resultou no acordo para distribuição de testagem por todo o país. Um semestre depois, 35 mil testes chegaram à Argentina e foram executados testes de hepatite em 24 províncias. Ou seja, o "não" da saúde pública local em que sim resultaria em algumas centenas de testes, transformou-se no "sim" que beneficiou milhares de testes.

Em uma das noites na Argentina, deixamos o Carona em frente à hospedaria em que estávamos, confiantes de que não haveria perigo por conta do quartel da polícia, em frente.

Eu e Cabeça entramos e quando estávamos comendo alguma coisa, vimos na televisão uma grande tensão entre manifestantes e policiais. Pedras para lá, bombas de efeito para cá: uma confusão só. De repente, na imagem, todo majestoso, surgiu o Carona. Pulei de uma vez.

— Caralho, Cabeça. A porra da manifestação é aqui, em frente à hospedaria.

Descemos com toda a pressa. Quando chegamos lá, uma barreira com pneus, preparada pelos manifestantes, ardia em chamas ao lado do Carona. Ficamos com medo de sermos confundidos com a parte contrária da manifestação, porque o Carona se parecia com um carro oficial. Na excitação, qualquer um poderia ser considerado inimigo. Fui até aquele que parecia ser o líder e negociei.

— Cara, somos voluntários num projeto humanitário. Você me permite tirar nosso carro daqui? – e apontei para o Carona.

— Vai logo, porra. Quem mandou estacionar essa bosta no lugar errado? – gritou o chefe dos manifestantes.

Nunca fui tão obediente na vida. Corri até lá e salvei o nosso amigo Carona do fogo, das pedras e da fúria daquela galera.

Descansamos aliviados e, no dia seguinte, a viagem continuou. Da beleza da Patagônia à imponência da Cordilheira dos Andes, a ruta 40 nos mostrou uma Argentina que o turismo não conhece, marcada por pessoas que passam pelo outro lado da rodovia e acenam, ou que param e perguntam se está tudo bem.

Em alguns lugares, dá a impressão de que a pessoa está num conto de fadas. Ao mesmo tempo, é bela, inóspita e não leva desaforo. Há trechos que têm até 300 quilômetros sem posto de gasolina. Se nevar, o risco de morrer na estrada é grande. À época, a secretária de turismo de Ushuaia era uma brasileira que nos recebeu muito bem e que facilitou tanto o nosso trabalho como a passagem pela região.

A aprovação da lei do sim trouxe até mesmo mais simplicidade para nós. Antes dela, alguém nos oferecia uma cama para dormir ou um banho quente e, com a cerimônia em que fomos educados, eu e Cabeça agradecíamos e dizíamos que não precisava. Hoje, nas palestras que ministro no Rotary, eu brinco com a audiência:

— Não nos ofereça nada, pois vamos aceitar.

Longe do Brasil, de acordo com as legislações locais, mais conscientizávamos as pessoas e ministrávamos reuniões ou palestras do que fazíamos testes. O plano audacioso visava descer a Ruta 40 até a parte baixa de Bariloche, entrando para Comodoro Rivadavia, até atingir

Carona para o mundo

o Chile e, em seguida, Ushuaia, considerada por muitos o fim do mundo. A partir dali, encararíamos a Estrada Pan-americana, que corta as Américas até o Ártico.

Na América Latina, quanto mais frio o lugar, mais calor humano encontrávamos. E fora do Brasil, reparamos uma particularidade comportamental; não existem diferenças. Esclareço: João, no Brasil, jamais se entenderia com José, por divergências políticas, partidárias, filosóficas, sociais ou religiosas. Fora da pátria-mãe, se tornam grandes amigos ao se conhecerem e se encontrarem no exterior.

Em Ushuaia, depois dos trabalhos realizados, aproveitamos a folga. Conhecemos Pedro e Arie, brasileiros que se tornaram amigos e fomos tomar a famosa cerveja do fim do mundo, num *pub*. No dia seguinte, fomos até o *hostel* em que eles estavam e decidimos fazer um churrasco. Pedro conheceu uma garota e ficou com ela. Lá pelas tantas, cismaram que queriam se casar. Estiquei uma toalha branca, como se fosse um padre, convidamos os demais que estavam no *hostel*, fizemos uma aliança de papel e celebramos aquilo que ficou batizado como "o casamento do fim do mundo". Depois das tantas risadas e de mais uma cerveja, a saideira, voltei ao meu *hostel* para dormir. Cabeça continuou com eles.

Durante a madrugada, o responsável pelo *hostel* me acordou. Saltei da cama com um pulo, assustado.

— Que foi, cara? Por que tá me acordando?

— Você conhece um tal de José Eduardo?

Sonolento, levei um tempo para me lembrar que era o nome do meu irmão Cabeça.

— O que tem ele? – perguntei, agora preocupado.

Fred Mesquita

— Então, por favor, venha comigo ou vou chamar a polícia.

Chapado, Cabeça estava deitado na recepção do *hostel* com o casaco todo rasgado. Levantei a cabeça dele e estava com o olho roxo, como se tivesse brigado ou caído. O dono do *hostel* estava irritado.

— Cara, você tem cinco minutos pra tirar este cidadão daqui. O cara causou, derrubou móveis, gritou e caiu duro aí, dormindo. Tentei acordá-lo e nada.

— Caralho! – foi só o que eu consegui dizer.

Eu chutava, dava tapas e, às vezes, no máximo, ele dizia:

— Ahn? – e dormia de novo.
Com a ajuda do dono do *hostel*, eu o levei e o despejei na cama. No outro dia, encontrei o amigo Pedro e quis saber o que rolou.

— Eu achava que era doido. Teu irmão é 20 vezes mais doido do que eu. A gente tava no bar e quando vi, começou a brigar com um cara. Nós entramos no meio, os seguranças também e desceram a porrada no teu irmão. A polícia chegou e ele gritava que ia descer porrada em todo mundo. A sorte é que os policiais perceberam que ele tava muito bêbado e só deram risada.

Fomos até o *hostel*. Cabeça acordou. Não houve osso quebrado, nada sério. O saldo foi o único casaco rasgado e o olho roxo. Seguimos viagem a caminho da Patagônia Chilena. Na estrada, um policial nos parou, pediu documentos, olhou para o Cabeça e perguntou:

Carona para o mundo

— O que foi esse olho roxo? Arrumou confusão em Ushuaia?

— Não. Isso foi no beliche. – respondeu Cabeça.

Até o policial deu uma gargalhada quando ouviu a nítida mentira e respondeu.

— É, sei bem como funciona. A cerveja do fim do mundo deixa todo mundo meio doidão. Pode seguir!

Em Puerto Natales, fomos recebidos por rotarianos que se mostraram anfitriões fantásticos. Não nos conheciam, mas nos trataram como se fôssemos filhos. Ali, tivemos a oportunidade de tomar um *drink* e usar o pedacinho de gelo de uma geleira de no mínimo 300 anos. A sensação é incrível, como se estivéssemos bebendo um pedaço da história natural.

Dentre tantas histórias inspiradoras, preocupantes ou engraçadas, estávamos vivendo um sonho. Desde os primeiros passos, na descida para Ubatuba, momento em que chegamos a duvidar de que nós e o Carona iríamos tão longe, até aquele instante uma eternidade parecia dividir os momentos. Sim, porque o tempo para quem viaja é diferente da perspectiva de tempo das pessoas que vivem a mesma rotina, não só por conta do fuso, mas até mesmo pela maneira de encarar a vida, o relógio e as pessoas.

O projeto Hepatite Zero seguia em velocidade máxima e nos ensinava que a diferença cultural entre povos não significava nada, se comparada com as qualidades em comum.

A expedição, até aqui, impactou tantas pessoas, que não caberiam juntas num estádio de futebol. Além do *case* gerado na Argentina, uma clínica seria criada no México, após a nossa passagem por lá. E no dia a dia, a gente não percebe a magnitude desse alcance, pois não prestamos atenção na caminhada e sim no próximo passo.

Com o continente europeu inteiro inexplorado, admito uma certa angústia. Cabeça não estaria comigo (como de fato não estará na segunda obra). Seremos só eu e Carona. Eu conheço a Europa, mas daí a explorá-la de carro vai uma longa distância, a ponderar que a cada 700 quilômetros, se fala um idioma, se vive de outra maneira, se come outra comida.

— Fred, você deve ter muita coisa a contar. – dizem os amigos mais chegados.

Eles estão corretos. Foi a razão que me levou a escrever um livro por continente. Embora o meu acervo de imagens e de vídeos seja vasto, muita experiência fica no campo memorialista e como ofereci aos leitores uma carona para o mundo, faz sentido detalhar tudo.

Um dia, estávamos sentados diante de estadistas que fizeram história. Noutro, estávamos sentados numa banqueta improvisada, jantando um naco de bife com pessoas que nada tinham em bens e muito ofereciam em amor ao próximo.

Conhecemos povos que se entendiam como felizes, mesmo vivendo sob o amparo de uma cultura conservadora e arcaica. Conhecemos outros que eram guiados pela modernidade tecnológica e pela flexibilidade, mas não aparentavam metade da felicidade dos conservadores. No Brasil ou mundo afora, vice-versa.

Conhecemos algumas pessoas milionárias que só tinham dinheiro e pessoas pobres cheias de amor para doar. No Brasil ou mundo afora, vice-versa.

Carona para o mundo

Cabeça, que começou a viagem mais distante das pessoas, aprendeu a olhar para elas de uma maneira especial. Eu, que comecei a viagem com a certeza garantida pela voz e as dúvidas garantidas pela razão, aprendi a parar de duvidar e percebi que realmente cruzaria o hemisfério. Carona, que começou a viagem no perrengue, a passo de tartaruga, aprendeu a ser mais forte, tornou-se turbinado e menos teimoso. Ou seja, pessoas e máquinas a bordo de uma expedição têm duas escolhas: aprender com os erros e os "não" ou aprender tudo isso e desistir. Nós três estávamos aprendendo muito, cada um ao seu jeito.

Espero que você também esteja aproveitando a viagem de carona para o mundo, a bordo do Carona. Afivele o cinto outra vez e vamos em frente. Há muito a ser contado e vivenciado...

CAPÍTULO 7

TODA PREPARAÇÃO DEVE TER LIMITE

"Muita gente passa a vida se preparando para algo, sem jamais viver o que esse algo tem a oferecer. É quase um suicídio gradativo."

CAPÍTULO 7

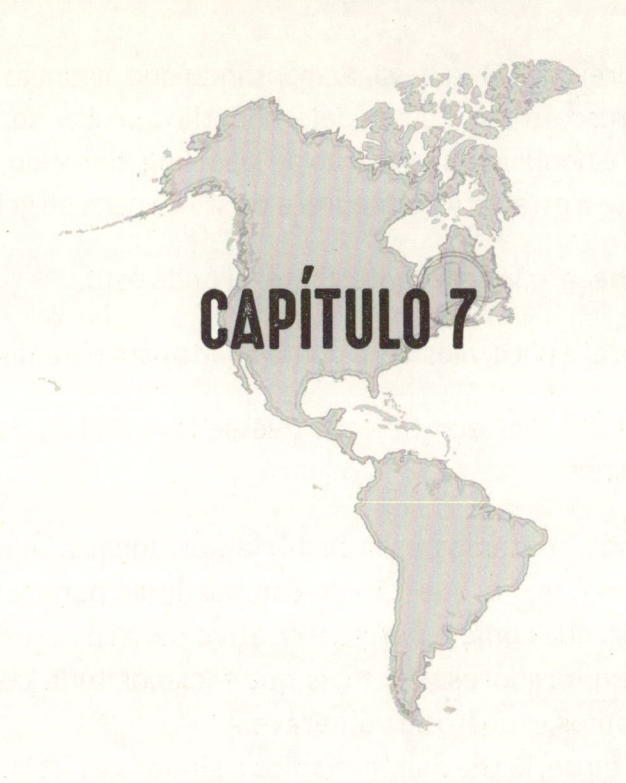

Na Patagônia Chilena, eu e Cabeça dormimos no interior do Carona, debaixo da assustadora temperatura de -14°C. Fechamos todo e qualquer pequeno buraco da barraca e dormimos. Na manhã seguinte, acordei e tateei, com as mãos, cada parte do meu corpo, para saber se estava tudo bem. Olhei para o meu irmão e me assustei com o que vi.

Com a temperatura positiva dentro da barraca e negativa do lado de fora, a nossa respiração quente formou uma pequena (porém perigosa) estalactite na parte de cima da barraca, bem na direção do rosto de Cabeça, medindo uns dez centímetros de comprimento.

Carona para o mundo

Procurei acordá-lo devagar, pensando que algum movimento brusco, fosse meu ou dele, poderia derrubar aquela pequena e pontiaguda formação de gelo. Engatinhando, caminhei até a estalactite e segurei a ponta da peça de gelo.

— Cabeça, não se levante. Fique aí onde está.

Quebrei a peça, mostrei a ponta afiada para ele e disse:

— Caralho, Cabeça. Se você tivesse levantado, furaria um dos olhos.

Quando contamos essa história aos amigos, alguns até se benzem. Fiz questão de compartilhar, para que o leitor perceba como o perigo é criativo para se apresentar aos exploradores. Por mais que façamos tudo certinho, estamos expostos e vulneráveis.

Mais tarde, longe dali, subíamos a sinuosa e pitoresca rodovia Carretera Austral, no Chile. Colocamos o carro no navio para a primeira cruzada marítima pelo Oceano Pacífico, pois não havia mais estrada. Navegamos de Puerto Cisnes até a Ilha de Chiloé, local em que Carona viveu um dos seus maiores traumas.

Será que é possível encontrar alguém disposto a prejudicar uma missão humanitária, desde que isso resulte em alguns trocados a mais?

Vejamos...

A região da Patagônia Chilena inclui estradas de terra, esburacadas. Carona sentiu o baque. De tanto vento, gelo e terra encarados, até o adesivo da hepatite tinha desaparecido em meio à poeira. Com isso, uma bucha se rompeu, deixando Carona barulhento porque a peça silencia a relação de aço com o aço do cardan. Tranquilos, pensamos em consertar após o desembarque, em Chiloé.

Não tínhamos a ferramenta certa para fazer a substituição. Então, levamos a bucha estourada até um mecânico no sul do Chile.

— Cara, você pode trocar ou nos emprestar a ferramenta?

— Eu troco. Fiquem tranquilos. – respondeu o mecânico.

Com uma reunião agendada no Rotary local, foi neste momento que a ingenuidade nos tomou de assalto. Num local desconhecido, lidando com um profissional também desconhecido, o certo seria um de nós acompanhar o trabalho do mecânico. Em vez disso, deixamos o nosso amigo Carona nas mãos de um cara estranho.

Fizemos a reunião, almoçamos e retornamos à oficina. O mecânico substituiu a peça e demos a partida no motor. Nada. Virei a chave outra vez. Nada.

Chamei o Cabeça de canto.

— Cabeça, o cara fez alguma coisa com o Carona.

Do fundo da oficina, surge o mecânico com o cinismo estampado no semblante. De tão bom ator, talvez Antunes Filho o tivesse contratado, se o conhecesse.

— O que aconteceu aí, gente? – perguntou ele, com toda a cara de pau do mundo.

— O carro não funciona. – respondemos, em coro.

Ele pediu que abrisse o capô e desse a partida. Cabeça obedeceu. Ele olhou aqui, ali e opinou.

Carona para o mundo

— Acho que os bicos estão entupidos.

Se Nerceu estivesse lá, desmascararia o farsante. Eu e Cabeça estávamos bem familiarizados. No entanto, não éramos especialistas. A pulga estava atrás da orelha.

— Cara, como seria possível entupir os bicos, com tantos filtros?

— Bom, vamos dar uma olhada melhor. – disse ele.

E começou a desmontar as peças do Carona, colocando os dedos em áreas delicadas do motor. Se o Carona tivesse voz, teria dito:

— Aí não, pô!

Mas embora fosse um grande amigo, nosso carro não falava. Quando vi que o mecânico se preparava para desmontar outro bloco de peças, foi a gota d'água.

— Opa, por favor, pode parar. Não precisa desmontar mais nada. Pode deixar que a gente se vira!

O primeiro telefonema foi para o amigo Nerceu.

— Fred, some com o seu carro daí agora. O cara tá aprontando. Não existe este negócio de o carro parar de uma hora para outra.

O segundo telefonema foi para o Rotary. Pedi ajuda.

— Pelo amor de Deus, providenciem um guincho para nós. Se eu não tivesse impedido, o mecânico teria desmontado o motor inteiro.

Fred Mesquita

Praticamente, fugimos às pressas. Distantes da traumática oficina, perdemos dois dias de viagem para tentar descobrir o que teria feito aquele mecânico, sem contar a indignação e o sentimento de impotência.

Com a ajuda do Rotary, um a um, fomos procurando mecânicos que soubessem lidar com carro a diesel, até que chegamos ao homem que cuidava da frota pública da cidade. Foi ele quem descobriu a maracutaia.

— Fred, não tá fazendo o "tec", aquele barulho que indica a liberação da passagem do combustível. É aqui o problema.

O mecânico desmontou e descobriu. Tudo se resumiu a um pino, conhecido como relé. Com a virada da chave, este pino recua e libera a passagem do combustível, fazendo a vez de interruptor eletromecânico. O mecânico espertalhão retirou a mola que impedia o recuo do pino e, dessa forma, o carro não dava partida, já que não havia passagem de combustível. Indignado, o mecânico dos carros públicos desabafou.

— O filho da puta e mau-caráter retirou a molinha. A gente precisa ir até lá falar com ele.

— Não. Eu não quero confusão. Só quero arrumar o nosso problema. – afirmei.

Demos partida, Carona ligou. Em alguns minutos, o motor se calou outra vez. Perdemos mais um dia para descobrir outra sacanagem na mangueira que sai do filtro de combustível para o motor. Ao alterar o torque da peça que fixava esta mangueira, o mecânico sacana fez com que entrasse ar no motor e, assim, ele não se man-

Carona para o mundo

tinha ligado. O mecânico amigo descobriu esse segundo trambique, consertou e foi possível seguir viagem. Para o Carona, a experiência foi muito traumática. Assim como um acidente deixa sequelas no ser humano, ele ficou com sequelas no motor. O mecânico de má-fé, com a tentativa de nos fazer gastar um altíssimo recurso que não possuíamos, alterou a pressão de combustível que vai para o motor. Carona ficava acelerado e, às vezes, não desligava, exigindo ser afogado.

Foi a primeira vez que nós, exploradores, experimentamos uma grande frustração. A má-fé do mecânico não demonstrava limites. Não fosse eu ter solicitado que ele parasse de desmontar as peças à procura de algo inexistente, decerto Carona teria ficado no Chile, na oficina dele, como pagamento da mão de obra do espertalhão.

Em minhas palestras, eu conto essa história e faço uma pergunta:

— Se eu voltasse na oficina do trapaceiro hoje, sabe o que eu diria, olhando nos olhos dele?

O olhar de indignação da audiência parece esperar um palavrão ou, no mínimo, uma bronca. E eu mesmo respondo.

— Muito obrigado!

Naqueles três dias não programados, eu tive um curso quase completo e, hoje, conheço detalhes do Carona que só os especialistas em Toyota conhecem. Isso mostra como é possível transformar uma situação negativa em lição.

Outro aprendizado que a situação gerou diz respeito ao excesso de preparo. Vejo pessoas que fazem três formações acadêmicas, se inscrevem em cursos de *coaching*, neurociência, renascimento, física quântica, isto e aquilo. Pergunto a essas mesmas pessoas o que têm feito de diferente e como estão aproveitando ou aplicando esses conhecimentos. E me surpreendem as respostas.

— Ainda não comecei. Falta uma formação para dar início.

— Por enquanto nada. Mas estou me preparando para ser o melhor.

Ao lado de Cabeça, a bordo do Carona, inspirado pelo mecânico trapaceiro ou encantado com a gentileza de Nicolas, nós, exploradores, percebemos que a melhor vida é aquela em que você aprende e pratica, aprende e pratica, numa relação cíclica e bem mais positiva do que aprende e acumula, aprende e acumula. A segunda prática faz do ser humano alguém cheio de conhecimento, mas se o fato de "estar cheio de algo" fosse bom, o intestino não precisaria ser esvaziado todos os dias.

— Nossa, Fred. Que grosseria! – responderão os mais pudicos.

Pode até ser, porém o fato é que ao praticar o que se aprende, nos esvaziamos para receber mais conteúdo e de outro modo, ao nos encher, evitamos a entrada de mais conteúdo, de lições novas.

Não se sentir preparado para algo, portanto, pode ser resolvido. Jamais se sentir preparado é como garantir que nada será realizado. O negócio é treinar um pouco, começar e esperar que a vida e o dia a dia ensinem o restante, lembrando de que esse "restante" é infinito.

Carona para o mundo

Não é impressionante o que um carro pode ensinar?

Entendeu agora por que Carona recebe letra maiúscula no livro e é tratado como um amigo?

Em vez de esperar que o Carona estivesse "pronto", o colocamos na estrada. E se fôssemos preparar cada detalhe dele, talvez os quase três anos da primeira etapa da expedição ainda fossem um mero sonho, sem execução.

Eu não vou afirmar que o caminho é mais importante do que o destino, porque seria um baita lugar-comum. Por outro lado, se você usar a empatia e se colocar em meu lugar e nos lugares de Cabeça e de Carona, vai descobrir que esse clichê tem o seu toque de verdade bem apurado, porque se muitos falam sobre caminho e destino por meio da teoria e da visão subjetiva, o explorador fala com muito conhecimento de causa...

CAPÍTULO 8

UM OBSTÁCULO DE 700KG

"A noite é tão bela quanto imponente. E às vezes, tão perigosa quanto letal."

Fred Mesquita

CAPÍTULO 8

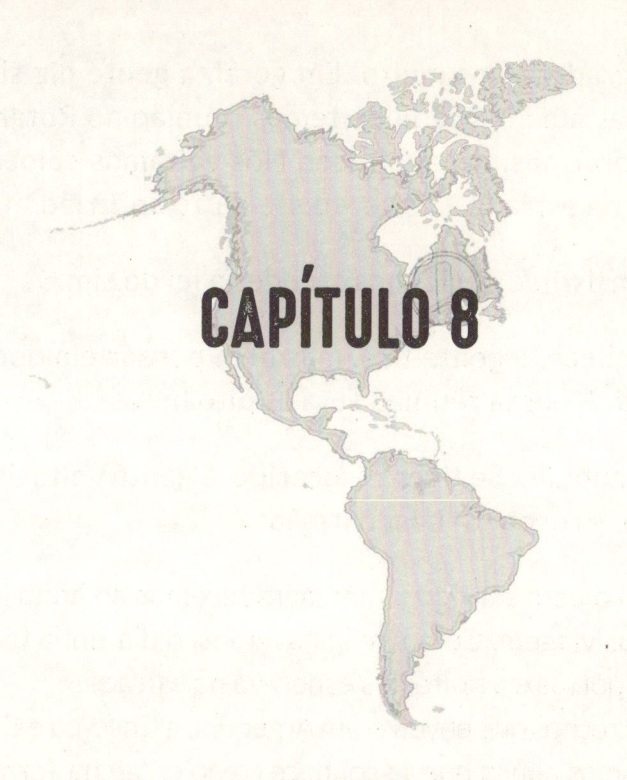

Outra lei da viagem, discutida e sancionada por mim e por Cabeça, deveria servir a todos os viajantes e exploradores: não dirigir à noite. Ao explorar territórios durante o dia, a segurança está ao lado do explorador. Ao fazê-lo durante a noite, a treva está ao lado dele.

Fomos convidados a conhecer a indústria salmoneira chilena, a segunda maior do planeta e uma das principais fornecedoras de salmão do Brasil. Do embrião ao abate e à embalagem, conhecemos todas as etapas.

Um dos diretores dessa empresa nos convidou para jantar. A princípio, declinamos.

Carona para o mundo

— Agradecemos muito. Em geral, a gente diz sim a tudo, mas amanhã cedinho temos reunião no Rotary e, se demorarmos, vai anoitecer. Nós evitamos colocar o Carona na estrada à noite – disse eu ao anfitrião.

Ele insistiu e decidimos atender à lei do sim.

— Cabeça, a gente fica, mas nem pensar em dormir por aqui. A nossa reunião será às oito horas.

— Tranquilo. Se tiver escurecido, a gente volta devagarinho. – respondeu meu irmão.

Após o bem servido jantar, agradecemos ao anfitrião e seguimos viagem. Como imaginávamos, o dia tinha fechado suas portas e a noite nos esperava na estrada.

Nos trechos que envolveram Argentina e Chile, eu e Cabeça temíamos aquilo que se conhece como escarcha, formada pela geada que cai no asfalto e gera uma película escorregadia. Há dois tipos: a branca, que se pode enxergar e a escarcha negra, a mais temida, invisível aos olhos e perceptível ao toque dos pneus e que parece estar sobre uma pista ensaboada.

Somente nesta noite percebemos que os faróis do Carona não estavam direcionados exatamente para a frente, como deveriam, e sim para cima. Enxergávamos mais as árvores do que a estrada.

Na Argentina, já conhecíamos, acerca dos motoristas, o costume de saudar com a mão. Ali, no Chile, os carros acenavam com o farol. Como o Carona dificilmente encarava a estrada à noite, não sabíamos se esses acenos eram para nos saudar, avisar algum perigo ou se queixar do farol de nosso amigo Carona.

Fred Mesquita

No fim de uma curva, lá estava ela, majestosa, gorda e trágica. Apenas três metros nos distanciavam de uma vaca enorme. Num lampejo, pensei:

É bater ou virar.

Tentei virar. A vaca raspou no carro e bateu no retrovisor. Para nosso alívio, aquele trecho não estava comprometido pela escarcha. Senão, o Carona teria capotado.

Parei o carro no acostamento e, quando vi, Cabeça estava abraçado comigo. Descemos do carro e me lembro de não ter sentido as pernas, de tanto que tremiam. Deitei no chão e pensei naquele instante de quase-morte. A um metro de distância da vaca, eu tinha reparado em seus olhos enormes cravados nos meus, como a dizer:

— Fodeu pra nós dois, camarada!

De onde estava, no chão, olhei para o Cabeça e, em seguida, olhei para trás. Ainda dava para ver os contornos do animal. Levantei-me, virei-me na direção dela e gritei com toda força dos pulmões:

— Sua vaca!

Tivemos uma longa crise de riso. Entramos no carro e fomos embora, ainda mais atenciosos com a lei de não dirigir à noite. Uma vaca adulta pesa em média 700 quilos e, pelo o que notamos, a nossa amiga não andava muito preocupada com a balança.

É quase desnecessário mencionar que se aquela vaca obesa tivesse entrado no Carona, esse livro não teria saído. Ainda bem que ela não leu Carona para o Mundo. Afinal, poderia ter aceitado.

Carona para o mundo

Subindo para o norte do Chile, vivemos as primeiras experiências com o Carona a três, quatro, cinco mil metros de altitude. Até o Carona sentia o baque do ar rarefeito. Na Patagônia, foi preciso aprender a dirigir na neve, a colocar corrente no Carona e tudo mais. Dessa vez, precisávamos aprender a dirigi-lo nos picos.

Em alguns lugares, como México e Peru (esse último foi o ponto mais alto que visitamos), havia até um posto com água disponível no topo, para que os motoristas resfriassem o motor.

Se não era fácil para o Carona, que precisava das marchas mais curtas e esticadas para vencer os picos, tampouco para nós. No Atacama, o rigor do clima seco tinha atacado lábios, mãos, nariz, orelhas e rosto. Nos picos de altitude, o corpo todo sente aquele cansaço que os jogadores de futebol alegam, e que muitos dizem que é "frescura". Lego engano, pois de fato é muito excruciante. Contudo, entenda-se que esse é o ponto negativo.

A beleza do deserto, em seus incontáveis tons, compensa qualquer desgaste físico, assim como a beleza da paisagem dos picos vale todo o esforço de subida.

A tempestade no deserto, a escarcha no asfalto, o barro, as pedras e os cascalhos da estrada, a altitude e seus efeitos. Tudo isso me fez criar uma relação com o Carona, de modo que nem precisava mais olhar para o marcador especial de temperatura, instalado pelo amigo Nerceu. Eu sabia como dirigi-lo de maneira a não superaquecer, conhecia as suas necessidades e os seus limites.

A conexão entre máquina e ser humano é uma boa maneira de mostrar que se tem aqui uma analogia importante com os relacionamentos. Quanto mais eu conheço as limitações e os anseios de Carona, melhor amigo dele eu posso ser. E não poderia ser diferente, já que esse velho teimoso é quem me leva para cumprir uma missão humanitária e rodar o mundo.

Será que, em nossa vida, temos levado em conta as limitações e os anseios das pessoas a quem amamos? Carona me ensinou a pensar nisso e, agora, transfiro a você as lições dele.

Eu e Cabeça nunca o tratamos como um objeto.

— Vou pegar a camiseta que ficou no carro. – diria qualquer motorista.

— Vou pegar a camiseta que ficou no Carona. – diríamos eu ou o Cabeça.

As pessoas mais lógicas afirmarão que carro não tem sentimento e é claro que não, mas nós temos por ele e isso é mais do que suficiente.

Encantados pelas maravilhas do Deserto do Atacama, no Chile, com suas belezas naturais, sua gastronomia e sua receptividade, lá estávamos nós, nos aventurando nas altitudes peruanas.

Se pensávamos em ter visto montanhas por aí, lá encontramos as maiores. Foi um tal de sobe três mil metros, desce um, sobe dois e assim por diante. As estradas muito sinuosas não foram moleza. Avançamos até Puno, cidade que serve como base para o Lago Titicaca, considerado o lago navegável mais alto do mundo. Na região, conhecemos uma tribo que vivia nas cidades flutuantes e tivemos acesso a outro universo particular.

Na América Latina e na América Central, eu e Cabeça reparamos algo em comum: quanto mais pobre o país, mais colorido.

O trabalho no Peru também foi avançando em rela-

Carona para o mundo

ção ao combate à hepatite. Tanto lá como em boa parte da vizinhança, o desafio para o projeto era a burocracia.

Por meio do projeto, formamos novos embaixadores, conseguimos aprovar o lote de testagem e, no entanto, fazer as doações de testes entrarem no país se mostrava uma enorme dificuldade.

As principais marcas de teste contra hepatite são de origem coreana e israelense. O que chama a atenção de nós, voluntários, é que o local de fabricação não é o motivo da burocracia.

Na Argentina, para exemplificar, quando estivemos por lá, nenhuma marca de teste rápido tinha aprovação prévia da vigilância sanitária local. Ou seja, a rigor, nenhum teste rápido pode entrar no país, salvo autorizações especiais que demandam muita negociação e paciência, como foi o caso do Malbran.

Em muitos lugares, o Rotary aguarda até hoje a aprovação de países ainda burocratizados do ponto de vista da saúde.

Nos Estados Unidos, perceberíamos outra face, as finanças. Em diferentes laboratórios, o custo médio de um teste rápido convencional é de um dólar. Enquanto isso, os EUA mantêm só uma marca aprovada, custa em torno de 20 dólares. O mesmo paradoxo se observa no tratamento contra a hepatite. A principal e mais moderna droga é fabricada por uma indústria norte-americana e, mesmo assim, os EUA representam o lugar mais caro do planeta para se tratar a doença.

Deixando um pouco de lado as políticas de saúde, que apesar de não traduzirem o propósito da obra, devem ser informadas ao menos em resumo, lá estávamos eu, Cabeça e

Fred Mesquita

Carona, cumprindo o trecho peruano de Cusco a Nazca, uma das estradas mais difíceis e cansativas que encaramos, com 760 quilômetros de curvas, sem contar a altitude e os buracos.

Em Nazca, as múmias a céu aberto pareciam dizer:

— Foi foda chegar aqui, hein?

Resolvi não puxar conversa com as múmias. A dor no braço era tão grande que os músculos estavam até dormentes, porque o Carona não é bom de curva, esterça pouco e exige muito do motorista por ocasião dos longos trechos sinuosos.

Com a missão cumprida, deitei-me para descansar e, por alguma razão, comecei a refletir acerca dos perigos da viagem para nós e para o Carona. A vaca que quase entrou, os manifestantes que quase botaram fogo no Carona, os buracos que quase acabaram com as molas, o mecânico que tramava para nos tomar o Carona.

Exausto, dormi antes de pensar em todos os perigos...

CAPÍTULO 9

A RELAÇÃO DOS EXPLORADORES COM O MEDO

"Numa viagem de carro, o medo se faz tão presente quanto o combustível."

CAPÍTULO 9

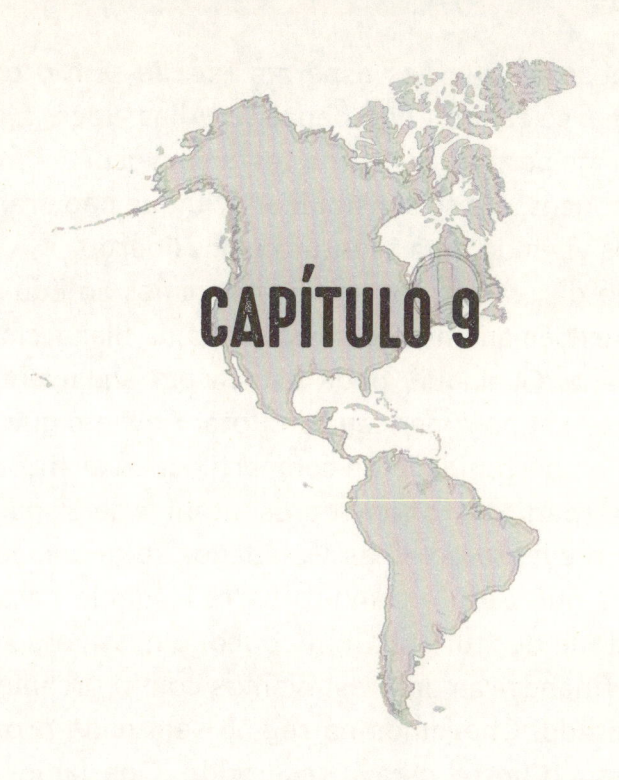

No Peru, o Carona ganhou uma revisão completa, negociada pelo Rotary. Em Lima, sentimos o medo mais presente. Um policial insinuou que se não déssemos algum dinheiro, poderia causar sérios problemas para nós, sem mencionar "o que". Comecei a pensar em como sensibilizá-lo pelo projeto.

— Cara, vendi tudo o que eu possuía no Brasil para viver uma missão humanitária e explorar os continentes. Viajo com apoio logístico de uma organização filantrópica mundial e não tenho dinheiro. Está tudo certo com o carro e se você não deixar a gente seguir viagem, muitas pessoas que nos esperam ficarão sem o teste para saber se têm ou não hepatite. Aliás, você já fez? Será que me permitiria fazer o teste em você?

Aos poucos, ele se sensibilizou, viu que não éramos riquinhos vivendo uma aventura e nos liberou.

Saindo das garras do policial, chegamos ao Equador e fomos extremamente bem recebidos na maior cidade equatoriana, Guaiaquil, onde estava em andamento a Convenção Latino-Americana do Rotary, evento que nos permitiu a oportunidade de compartilhar os avanços do Projeto Hepatite Zero com representantes de 15 países.

Após o evento, as Ilhas Galápagos se anunciaram. Sabíamos que tudo era muito caro. Naquele paraíso, deu vontade de "turistar" um pouco. E nessa etapa da viagem, financeiramente estávamos com o orçamento bem limitado. Chegamos na região sem nada programado, nem o *hostel* estava reservado. Queríamos conhecer aquelas maravilhas, mas os recursos eram parcos. No aeroporto, encontrei um guia que também se chamava Fred. Ele me ofereceu alguns pacotes a preço bem interessante.

— Não dá, cara. Vamos ter que fazer tudo por conta.

Meu xará tirou um pouco aqui, um pouco ali e chegou a um valor muito interessante, US$500 por pessoa incluindo refeições, alguns passeios e hotel.

— Cabeça, nem por conta própria conseguiremos algo tão barato. – argumentei.

Concordamos e o guia nos colocou num táxi, a destino

do hotel. Cabeça pagou o valor total. Eu, que passei a ficar com medo e mais desconfiado em função da má experiência com o mecânico de Chiloé, propus pagar US$200 e, no dia seguinte, entregaria o restante. O xará aceitou.

— Vai que este cara some. – disse eu para o Cabeça.

O guia Fred nos levou ao hotel e apontou o restaurante.

— Vocês irão jantar naquele restaurante, do outro lado da rua. É só chegar lá e dizer que estão com o Fred. Eles atenderão vocês com toda atenção.

De fato, fomos muito bem atendidos. Mas eu estava com a pulga atrás da orelha. Comecei a pesquisar na internet. Vi uns dez comentários positivos e dois negativos, a respeito de nosso guia. Quem tem medo de ser ludibriado, nessas situações, ignora o positivo e foca no negativo. Fiquei ainda mais com o pé atrás. E, no dia seguinte, o combinado é que meu xará estaria no hotel às oito horas. Deram 8h, 8h15, 8h30, 9h, 9h30. Nada.
Olhei para o Cabeça e não aguentei.

— Ahahahahahah, perdeu quinhentão!

Eis que, às dez horas, o guia Fred apareceu, esbaforido. E desabafou.

— Caras, peço mil desculpas. Fui proprietário de uma agência grande e minha ex-mulher me deixou sem nada. Tô começando tudo de novo e, por isso, tenho buscado clientes no aeroporto. Estou atrasado, tive problemas com o carro, mas vou compensar essas duas horas perdidas.

Carona para o mundo

E compensou. Entregou muito mais do que prometeu. Conhecemos todas as atrações naturais do lugar, incluindo a flora e a fauna, inigualáveis.

O mais interessante a ser dividido em minha passagem por lá é que o xará Fred restituiu a minha capacidade de acreditar no semelhante. Eu me vi a dizer para o Cabeça:

— Pô, Cabeça. Eu, com medo de ser enganado. O cara, íntegro pra caramba. A partir de agora, vou voltar a acreditar nas pessoas. O mecânico de Chiloé não tem nenhum poder sobre os meus valores e se ele é trapaceiro, problema dele. Os outros não têm culpa nenhuma disso.

— Falou bonitis! – disse ele, imitando Antônio Carlos de Santana Bernardes Gomes, o Mussum, protagonista de "Os trapalhões". Até hoje, nas conversas entre nós, temos a mania de imitar esta grande figura.

Da alegria de conhecer a rica natureza de Galápagos, passamos pela tristeza de contemplar o que sobrou da cidade portuária de Manta. Testemunhamos como a dor de uma catástrofe gera estragos a uma região. Manta estava em grande parte destruída, vítima de um terremoto que a subjugara, dois meses antes. Aos poucos, seus habitantes tentavam superar o evento e seguir, mas no semblante de cada um, as marcas da tragédia ainda estavam visíveis. Foi doloroso para nós contemplar de perto o poder destrutivo da natureza.

Com a tristeza ainda presente no retrovisor do Carona, seguimos para a Colômbia. Passamos por um pedágio, cuja guarita estava aberta e, sem alternativa, fomos adiante. Nunca deixamos de pagar pedágio algum. Porém não havia ninguém ali para receber. Eu e Cabeça entendemos que deveria ser uma praça de pedágio desativada. Seguimos viagem, subindo a caminho de Bogotá. Até ali, tínhamos encontrado pela estrada tanto os carros com guerrilheiros como os carros do exército colombiano. Este último nos parou, na rota para Bogotá. As fardas do exército e da guerrilha armada são bem parecidas, com a diferença de que os guerrilheiros usam uma faixa vermelha no braço.

— Os senhores tiveram problemas com pedágio?

— Não. – respondi.

— O senhor pode mostrar os comprovantes de pagamento?

Procurei os recibos, encontrei e apresentei.

— Tá faltando aqui o último pedágio, antes da subida.

— Não havia ninguém por lá. Achei que estivesse desativada. Eu lembro que vi uma câmera na cabine de pedágio. Se o senhor tiver acesso a imagem, vai ver que eu abri o vidro e procurei o funcionário.

— O senhor precisa voltar lá e pagar o pedágio.

— Senhor, são 70 quilômetros abaixo, que o nosso carro venceu sofrendo, porque a subida é muito íngreme. Não se trata de suborno, mas será que eu não poderia entregar o valor da tarifa aos senhores, para que deixem por lá quando estiverem naquela região? Temos uma testagem de hepatite agendada em Bogotá. Se voltarmos, vamos perder o horário combinado.

— Hepatite? O que é isso? – perguntou ele.

Carona para o mundo

Percebi a nossa deixa. Peguei panfletos, expliquei o que era a hepatite, distribuí entre os soldados, mostrei as testagens e eles se encorajaram a fazer o teste. Quando fui espetar o dedo do soldado, ele o puxou, com medo da agulha. O colega não perdoou. Com isso, o clima se descontraiu totalmente.

— O que é isso aí? Um homem de farda com medo de agulhinha? Pode furar o meu. – disse outro soldado.

E dessa maneira, um a um, fizemos testagem de hepatite em aproximadamente 30 soldados e oficiais do exército colombiano, que estavam naquele ponto de fiscalização. Com o gelo quebrado, apertamos as mãos de todos, nos despedimos e falei àquele que me parou:

— Bom, agora vou descer até o tal pedágio que ficou sem pagamento. O senhor saberia me dizer se dessa vez terá alguém lá pra receber? – perguntei, me despedindo, consolado com a obrigação de retroceder 70 quilômetros.

— Que pedágio, que nada, rapaz. Podem seguir viagem. Vocês estão fazendo o bem. Isso acontece, foi só um mal-entendido. Você cruzou com a guerrilha em algum lugar?

— Sim.

— Provavelmente, a guerrilha não vai te prejudicar. Se eles te pararem, explique o que está fazendo e peça passagem.

Alguns quilômetros adiante, lá estava a guerrilha. Uma mulher, de posse do seu imponente fuzil, se aproximou, olhou para o adesivo na porta do carro e perguntou:

— É uma missão humanitária para combater a hepatite?

— Sim. – respondi, hipnotizado pela arma nas mãos dela.

— Pode vacinar os meus amigos?

— Nós não aplicamos vacina, senhora. Só fazemos a testagem para que a pessoa saiba se teve ou não contato com o vírus. Gostariam de fazer?

Ela olhou para os soldados, trocou algumas palavras com aquele que parecia o supervisor e retornaram juntos para falar comigo, cada um com um fuzil na bandoleira. Comecei a sentir as pernas tremerem. O supervisor me disse:

— Pior que saber de uma doença é não ter remédio algum para ela. Então, é melhor não saber. Não queremos o seu teste. Mas você pode nos dar uma informação. Estamos tentando montar uma tocaia para o exército e temos a informação de que estão por aqui. Vocês os encontraram pela estrada?

Não fazia nem 20 minutos que aplicávamos as testagens no grupo rival, mas é claro que eu não colocaria lenha naquela fogueira mundialmente conhecida. E respondi, procurando impor à voz o máximo de firmeza:

— Os senhores são o único grupo militar que encontramos na subida até Bogotá.

O supervisor e a mulher me encararam por alguns segundos que pareceram uma eternidade, até que ele disse, para alívio geral:

Carona para o mundo

— Podem seguir viagem.

E assim dito, nos liberou. Até o Carona pareceu mais aliviado, à medida em que deixávamos a região de conflito.

Passado o susto e o medo, seguimos cortando o asfalto. A Costa Rica, destino seguinte, guarda uma das regiões florestais mais preservadas do mundo e reservava para nós uma surpresa nada agradável.

Em dado momento, precisamos deixar a estrada principal e seguir por uma paralela. E adiante, um rio separava o lado de cá, onde estávamos, do lado de lá, aonde precisávamos ir. A outra opção consistia em seguir por outra estrada de terra e esse contorno totalizaria mais 250 quilômetros. Até aí, atravessar o rio não seria um grande problema, porque o Carona, chique, estava equipado com *snorkel*[3]. Tudo que precisaríamos fazer era caminhar um pouco e calcular a profundidade. Porém havia um detalhe: este rio carregava a fama de ser infestado por crocodilos.

Um nativo passava por lá e ainda tirou um sarro.

— Se for entrar aí pra calcular a profundidade, pode ficar tranquilo com os crocodilos. Eles não mordem.

Eu e Cabeça olhamos para ele, com cara de "como assim"? E o nativo concluiu.

— Quando estão com a boca fechada, nunca mordem.

E saiu rindo alto.

---
3 O *snorkel* fica do lado de fora do carro, ao lado da porta do motorista, e é responsável pela respiração do motor sob a água.

Fred Mesquita

Se o Carona estava protegido pelo Snorkel, as nossas coisas não estavam. O desafio se resumia a caminhar pela água e calcular se determinado ponto do rio não ultrapassaria o limite das portas. Naqueles dias, viajava conosco Rodrigo Farina, entre os mais próximos conhecido como gordinho, um amigo de infância, um daqueles que justificou o apelido de Carona para o carro. Como o gordinho estava por lá, pegou carona com o Carona e fez conosco o trecho Panamá, Costa Rica e Nicarágua. Para que não fosse necessário ir e voltar em busca do caminho mais raso, eu e gordinho decidimos caminhar pelo rio, um de cada lado, a procura do melhor trecho. A cada passo dado, eu imaginava a mandíbula enorme do crocodilo dilacerando os ossos de minhas pernas. Eu olhava para o gordinho, ele olhava para mim e o fato é que não passava um alfinete, se é que o leitor entende o que quero dizer. Mas, os crocodilos estavam de barriga cheia. Felizmente, nenhum deles apareceu para o jantar em que seríamos servidos como prato principal. Quando chegamos do outro lado, com as pernas sãs e salvas, eu e gordinho descobrimos como é bom pisar em terra firme. E depois que cruzamos, orientamos o Cabeça, para que trouxesse o Carona num vai-e-vem, porque ora o trecho do gordinho era mais raso, ora era o meu trecho. E deu tudo certo. O valente Carona, que sabia como encarar a neve, o barro, asfalto, montanha, cascalho, escarcha, vaca, mecânicos trapaceiros, agora colocava em seu currículo um rio que servia como *habitat* de crocodilos.

Medo maior não encaramos neste primeiro trecho da viagem, creio. Mas houve um assalto que nos chamou a atenção. Afinal, em qualquer lugar do mundo, ninguém

Carona para o mundo

está livre do crime. Ainda na Costa Rica, dei uma bobeada e deixei a minha bolsa sobre uma árvore, enquanto contemplava a rica natureza daquele lugar. Quando me dei conta, era tarde demais. Um ladrão nativo estava abrindo e retirando de lá o meu relógio. Corri e gritei:

— Pega, ladrão!

Não deu tempo. Ciente de que seria preso se fugisse por terra, hábil como Tarzan, ele decidiu fugir por cima. Escalou a primeira árvore em poucos segundos e, de árvore em árvore, foi escapando com o meu relógio. Para minha sorte, no topo da quarta árvore, ele cheirou o relógio, percebeu que não se tratava de nada comestível e o jogou ao chão. O ladrão, um macaco-capuchinho de cabeça branca, escapou sem maiores dificuldades e deixou atrás de si três caras se rachando de dar risada; eu, Cabeça e gordinho.

Viagem que segue, rompemos a Nicarágua. Nos pobres vilarejos de lá, percebi um conflito entre a pobreza extrema, inevitável e o desejo de ser feliz, insaciável. As crianças bem magras jogavam futebol pelas ruas, com uma bola que, em verdade, não passava de um amontoado de pano. Nos pés, usavam chinelos adaptados das garrafas *pet*, dos retalhos de borracha ou descalças mesmo, como era o caso de várias. Acima delas, descansando sobre o poste de energia elétrica, dois urubus assistiam ao jogo com atenção, talvez sentindo o cheiro da morte, que não raro se confunde com o cheio da miséria. Não obstante o seu mísero destino, a felicidade no rosto dos meninos era nítida. Num contraste, as crianças da Islândia, um lugar muito mais próspero, pareciam tristes, sem saber ao certo o que é infância.

Fred Mesquita

No exato dia em que passávamos pela Nicarágua, um vulcão entrou em erupção e fez a terra vibrar. Como não estava jorrando lava, tivemos a rara chance de ir até a cratera e, de lá, observar a movimentação naquele imenso caldeirão natural, com seu aspecto assustador e seu forte cheiro de enxofre.

O projeto de combate à hepatite seguia a todo vapor nessa rota que explorava a América Central. Em Honduras, mergulhamos ao lado do famoso tubarão-baleia, imenso, com uns 14 metros. Por mais que eu soubesse tratar-se de um animal inofensivo, admito que a sensação, ao menos a primeira, ao dar de cara com o bicho, é de medo.

Naquelas bandas, o medo ainda se faria presente, e dessa vez, o GPS atuaria como protagonista do medo, porque se perder nas imediações da Avenida Paulista, no coração de São Paulo, é fácil, mas navegar sem rumo certo pela América Central é um exercício assustador.

No trecho a partir de Tegucigalpa, o GPS nos direcionou a uma estrada de terra que, em princípio, era boa, e foi piorando até se transformar em uma estrada de pedras. Para cumprir 50 quilômetros, levamos quase seis horas. Estávamos no meio do nada, num país que o mundo inteiro reconhece como perigoso, navegando por um território indígena. E o que mais temíamos, aconteceu. Encontramos um índio, sem camisa, todo pintado, armado com um machado. Não seria possível dar marcha à ré, não havia ninguém a quem pedir auxílio. Fugir seria impossível, porque naquela estrada que se resumia a uma trilha de pedras, Carona não alcançaria nem 10km/h.

Estávamos eu, Cabeça e Carona vulneráveis ao ataque do índio. A mente é especialista em criar cenários

Carona para o mundo

de medo e comecei a me lembrar dos antigos filmes, do escalpo, da crueldade, do canibalismo.

E será que dá pra fazer escalpo com um machado? – pensei.

O índio me tirou daquela *vibe* de pensamentos negativos e me trouxe à realidade. Ele se aproximou, ergueu o machado em posição ameaçadora e pediu o nosso aparelho celular. Um segundo companheiro dele chegou, armado com uma foice. Agora, estava reforçada a abordagem deles, aumentado o nosso medo e reduzidas as nossas chances.

É difícil dizer se o que mais os tornava assustadores era o tom de voz hostil, os desenhos pelo corpo, ou as ferramentas usadas como armas.

Foram os dez minutos mais longos de nossas vidas. Por fim, conseguimos fazer com que aceitassem dinheiro e alguns objetos. Eles nos deixaram ir e assim que saímos, pensei:

Eu, que tinha eleito a vaca e os crocodilos como os dois maiores perigos da viagem, agora preciso rever a contagem dos votos e iniciar uma nova eleição.

No frigir dos ovos, talvez a ocasião de Honduras tenha sido a mais perigosa, pois seria muito fácil sumir com os nossos corpos e desovar o Carona. Isso tudo mostra que se os trechos explorados não são fáceis para Cabeça, Carona e para mim, o trabalho do nosso anjo da guarda também não é lá dos mais fáceis.

Uma vez de volta à civilização, comentamos o episódio com o rapaz do *hostel*, que ficou perplexo.

— Vocês se enfiaram no lugar mais perigoso de Honduras. É um milagre que estejam vivos. Provavelmente, deram de cara com *misquitos*[4] e boa parte desta tribo usa arma de

---

[4] Ameríndios da América Central também conhecidos como Mosquitos. Seu território vai de Honduras até o Rio Grande, na Nicarágua.

fogo. A sorte é que eles estavam só em dois. Se encontrassem a tribo inteira... – e assim dito, o rapaz fez um gesto de guilhotina, passando o dedo pelo próprio pescoço.

Depois do trabalho realizado, aliviados por estarmos bem e vivos, nos despedimos de Honduras. A história elenca muitos exploradores que perderam a vida após o contato inadvertido com índios e, por pouco, eu e Cabeça não aumentamos a estatística.

Diferentes formatos do medo surgiram e narrei cada um deles, para que os exploradores que decidam se inspirar e viajar a partir desta obra não pensem que passarão uma longa temporada na estrada sem sobressaltos. A ideia de contar tudo não tem por objetivo assustar o viajante e sim alertar-lhe acerca dos perigos que nós enfrentamos. Enfim, com os cuidados certos, eles não precisam enfrentar. A dica central é que se adote cuidados redobrados com a programação do GPS, calcule e recalcule as rotas, até ter a certeza de que passarão por locais mais seguros.

Com tudo isso enfrentado, não lamento. Em vez disso, sou grato. Essas situações trouxeram amadurecimento e coragem para continuar sem ao menos cogitar a palavra desistir. Dias melhores nos aguardavam...

CAPÍTULO 10

COMO SE RELACIONAR COM AS AUTORIDADES DE OUTROS PAÍSES

"Fora do Brasil, é menos arriscado enfiar a mão no favo e roubar o mel das abelhas, do que provocar uma autoridade."

Fred Mesquita

CAPÍTULO 10

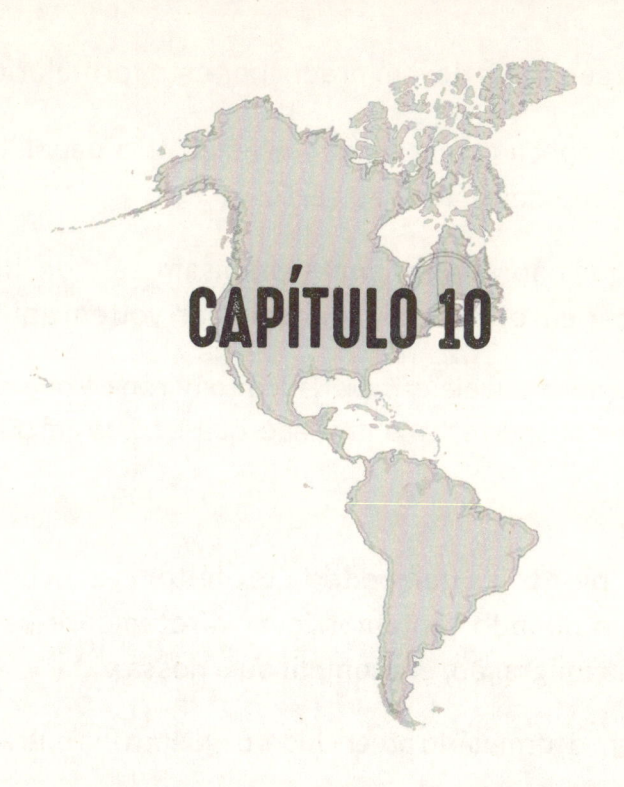

Medos vencidos, seguimos viagem e trabalhamos na Guatemala, onde ficamos extasiados com as pirâmides maias. Em seguida, alcançamos Belize, o único país da região que exige visto. O leitor provavelmente deve ter percebido que procuro, ao máximo, ser gentil e atencioso com os nossos anfitriões, sejam eles autoridades, rotarianos ou qualquer pessoa da região que cruze os nossos caminhos.

Na imigração de Belize, paramos o Carona e fomos dar entrada no visto para entrar no país. Aproximadamente 40 minutos de espera depois, a responsável trouxe a etapa burocrática do processo.

Carona para o mundo

— Os senhores devem preencher este formulário.

Eu e Cabeça começamos a preencher o papel, bem ali, na frente dela. Não deu certo.

— Aqui não. Os senhores precisam sair da fila e preencher em outro lugar. Ao terminar, voltem aqui.

Cabeça fez aquele característico tom irônico que o sujeito emite quando está contrariado, quase como um bufar:

— *Humpf.*

Foi a pior coisa que poderia ter feito. Preenchemos o papel e quando tentamos levar diretamente para a oficial da imigração, ela complicou a nossa vida.

— Com o formulário preenchido, peguem a fila outra vez.

Encaramos mais uma hora de fila, até ficarmos diante dela, que fez a primeira pergunta.

— Qual é o motivo da viagem a Belize?

Eu respondi, temendo que Cabeça, visivelmente irritado, piorasse as coisas.

— Nossa viagem inclui turismo e ação social. Estamos viajando pelo mundo e, ao mesmo tempo, ajudando a combater a hepatite.

— Quantos dias pretendem ficar?

— Uns três ou quatro dias.

A oficial de Belize me encarou dos cabelos até a ponta dos pés e fez o mesmo com o Cabeça. E se vingou.

— Podem se sentar ali. Vocês farão uma entrevista.

Foram seis horas de "chá de banco".
Comecei a ficar preocupado. Na manhã do dia seguinte, uma ação do projeto estava agendada. A um outro oficial, solicitei a senha da rede de internet local e fiz contato com o Rotary, perguntando se poderiam nos prestar algum tipo de ajuda para a liberação na fronteira entre Guatemala e Belize.

Mais três horas se passaram e fomos liberados por outro oficial, pois o turno da anterior acabara. No olhar dele, foi possível ver algo que as palavras não disseram e se tivessem dito, seria mais ou menos assim:

— Da próxima vez, respeitem o país em que estão entrando!

Além da canseira, ele só liberou o visto de trânsito e foi incisivo.

— Vou liberar o visto de um dia. Os senhores têm 24 horas para cruzar Belize, chegar ao México e deixar o nosso país.

A lei de não dirigir à noite foi ignorada porque não existia outra opção. No dia seguinte, cumprimos a nossa missão humanitária e seguimos a caminho do México, com uma lição bem aprendida que vale para nós e será útil a qualquer viajante ou explorador: jamais ironizar, caçoar ou ser rude com a autoridade máxima, suprema, que tem o oficial de imigração. Se a entrada a Belize fosse sumariamente negada, e a oficial possuía amparo legal para ne-

Carona para o mundo

gar, eu poderia entrar com um recurso diplomático, causar um pouco, procurar a imprensa, aguardar muitos dias e, quem sabe, talvez, seria atendido. Não é muito mais fácil ser gentil e relacionar-se bem com esses oficiais? Foi a pergunta que eu fiz ao Cabeça várias vezes, durante as nove horas em que fomos forçados a aguardar e ao curso de todo o dia seguinte, em que precisamos correr para cumprir a demanda agendada e dar o fora de Belize.

Cruzada a fronteira, chegamos ao México, lugar de gente muito hospitaleira e alegre, com paisagens de perder o fôlego.

Os mexicanos e colombianos se assemelham aos brasileiros em termos de relacionamento e acolhida. Ali, firmamos várias reuniões e tempos depois, uma clínica especializada no combate à hepatite foi estabelecida na Cidade do México.

Na província mexicana de Chiapas, encontramos outro bloqueio indígena. As placas que encontramos por aqueles arredores não deixavam dúvidas.

"Você está em território zapatista. Aqui o povo manda e o governo obedece."

De fato, a polícia ou o exército não têm autonomia nessas áreas. Os índios da região não são alheios ao que acontece na civilização. Eles têm noção política e seu próprio sistema de leis, ainda na base do olho por olho, dente por dente. Dirigem caminhonetes e não se preocupam com a própria fama de sequestradores, que corre fronteira. E lá estava o bloqueio. Dessa vez, no entanto, não houve trauma. Os índios disseram o valor, pagamos e fomos liberados.

Entramos pela costa atlântica, com o propósito de cruzar o México inteiro até Mazatlán, e dali até os EUA, entrando pela Califórnia. Humberto Silva, presidente mundial do Projeto Hepatite Zero, fez uma proposta.

— Estou na Flórida. Por que vocês não fazem um *break* na viagem e passam uns três meses por aqui? Podemos aproveitar para fazer alguns trabalhos conectados ao projeto em Miami.

Até ali, tínhamos encontrado Humberto no Brasil, no Equador e no México. Esses encontros eram muito positivos para alinhar o passo a passo do projeto, definir as próximas estratégias e dividir os tantos aprendizados.

Decidimos romper os quase 3.000 quilômetros e fomos ao encontro de nosso aliado rotariano. Inocentes, escolhemos a fronteira mais rígida para entrar nos EUA, em função do combate ao tráfico de drogas, Laredo. Chegamos à noite, por volta de 23h, abrindo outra exceção para dirigir neste horário.

Assim que o Carona passou pela fronteira, ficou famoso. O sistema de controle registrou uma imagem sua de frente, outra de perfil (incluindo o motorista, eu) e uma terceira da parte traseira.

Em toda fronteira, eu tiro fotos, faço *selfies* e vou gerando uma coleção de imagens que simbolizam os limites territoriais. Fiz o mesmo nos EUA, sem saber como isso seria útil.

Um policial muito bem-humorado nos recebeu, brincou e até cantou, cheio de sotaque, um pedaço da música "Aquarela".

Acostumados com as fronteiras, eu e Cabeça estávamos preparados para aguardar muito. O bem-humorado oficial colocou o prisma sobre o carro e me pediu que o acompanhasse. Pediu que abrisse o carro. Ato contínuo, pediu para abrir as mochilas e, para nossa surpresa, dez minutos depois, voltou e deu as coordenadas.

Carona para o mundo

— Vocês têm seis meses de permanência nos EUA. Procurem não ultrapassar esse tempo e assim evitarão problemas. Sejam bem-vindos!

E lá estávamos nós, na terra do Tio Sam.

Nos EUA, queira ou não, seja para trabalhar ou cursar a faculdade, aos 16 ou 17, o adolescente sai de casa e vai aprender a viver. Exceto pelo *Thanksgiving Day*, o conhecido feriado de ação de graças, as famílias vivem a uma certa distância e seus integrantes são felizes assim. Por ocasião do envelhecimento, os idosos são encaminhados a viver num asilo e não há nisso a dor que a nossa latinidade enxerga. Para eles, é um processo natural. Ou seja, a ruptura está presente na cultura familiar dos norte-americanos. Enquanto isso, nos países da América Central, (e nesse aspecto, não é muito diferente da América do Sul) filhos e idosos permanecem em casa por muito tempo, senão por toda a vida.

Nos países ricos, estive em mansões tão grandes que acabei me perguntando se o dono daquilo tudo algum dia conseguiu frequentar todos os espaços e cômodos. E estive em casebres da América Central onde os moradores se apertavam para dormir. Além da obviedade de tamanho, se me perguntarem a diferença entre as duas, eu diria que essas mansões guardam um aspecto silencioso, solitário, quiçá até fantasmagórico, enquanto nesses casebres, a vida pulsa, as pessoas conversam e riem alto. Não há melhor ou pior, porém é interessante avaliar a gritante diferença entre a vida de um e de outro.

E lá, em solo americano, fizemos aquela festa, celebramos, passamos por Texas, Louisiana, Mississipi, Alabama e alcançamos a Flórida, com lugar preestabelecido para ficar, no mínimo, por três meses. Num grupo de *WhatsApp*, tínhamos diversos amigos brasileiros que estavam morando, passeando, trabalhando ou vivendo um intercâmbio nos EUA. Comentamos por lá que acabávamos de deixar a fronteira mais fácil das Américas. Um dos amigos fez a pergunta das perguntas.

— Por qual fronteira vocês entraram nos EUA?

— Laredo. – respondi.

Os amigos enviaram uma série de *emojis*, com os olhos arregalados.

Uma semana depois, um casal do grupo passou por Laredo e enviou uma preocupante mensagem (ou que em tese deveria me preocupar):

— Pessoal, evitem Laredo. Acabamos de passar por lá. Vivemos um terrorismo. Tivemos até que tirar a roupa para a revista. Foram revistar o carro e nos levaram para uma salinha, onde fizeram duas horas de perguntas para mim, enquanto faziam as mesmas perguntas para o meu marido, em outra sala. Tiramos as fotos, as digitais e muita canseira depois, nos entregaram o I-94[5].

Resolvi perguntar ao grupo o que era este formulário. Uma das pessoas colocou uma pulga atrás da minha orelha, do tamanho de um elefante.

— Cara, se você não tem este formulário, oficialmente não está nos EUA.

Acessei o site da imigração. Não constava o nosso registro. Procurei o carimbo no passaporte. Nada...

---

5 é um dos formulários usados para verificar a identidade e a autorização de entrada nos Estados Unidos.

Carona para o mundo

— Cabeça, não sei que porra aquele policial bem-humorado fez, mas o fato é que aos olhos do sistema, não estamos no país.

— *Fudeusis!* – disse Cabeça, outra vez imitando o Mussum.

Peguei os passaportes e fui até a polícia.

— O senhor não consta em nosso sistema. Sugiro que procure a polícia da imigração.

Sem nada a dever, resolvi telefonar para a polícia da imigração, que ficava em outra cidade. Fui orientado a imprimir, preencher um formulário que estava no site da imigração e levá-lo pessoalmente até lá, para a devida inclusão.

Agora os meus problemas estão resolvidos. – pensei.

O último campo a ser preenchido neste formulário me indicou duas possibilidades: a) o policial não entendeu o meu problema; b) não quis resolvê-lo. Pedia-se o número do I-94.
Como eu poderia preencher o bendito número se não o possuía?
Isso me levou a pensar no policial bem-humorado e fiquei a imaginar o que ele teria feito de errado. Após muitos trabalhos realizados e diversas tentativas de regularizar a situação, três meses depois, tomei um voo e fui até Cuba conhecer os aspectos culturais da região. Imaginei que ao voltar aos EUA, "na marra", por conta da movimentação de "entra e sai", as autoridades resolveriam o problema.
Deixei Cuba e entrei nos EUA com medo de ser barrado, mas ninguém me disse uma só palavra. Carimba-

ram a minha entrada por Cuba e adentrei. Não sei se o leitor percebeu, mas o Carona, com esses eventos, ficou sem carimbo de entrada nos EUA.

Uma matéria de nosso trabalho foi divulgada pela Globo Internacional e resultou num churrasco para celebrarmos. Neste churrasco, conheci e me apaixonei por uma garota brasileira que morava no Canadá. Assim que a vi, creio que ficamos uns 30 segundos olhando um nos olhos do outro. Ela se foi do churrasco, pois estava acompanhada de amigas que precisavam ir embora. Começamos a conversar por aplicativo. Ficávamos muitas horas trocando informação, nos conhecendo.

Eu me lembro do que pensei.

Vou atrás dela no Canadá.

Tudo resolvido, para motivar ainda mais a minha ida, escutei a danada da voz.

— Vá.

Comprei uma passagem de ida para o Canadá no dia 14, e outra de volta, para o dia 15. Ou seja, voei até o Canadá só para ver se era ou não correspondido. Conversando com a garota pelo aplicativo, eu a surpreendi.

— Você tá sentada?
— Tô.

Enviei a foto da passagem para Toronto, Canadá e a provoquei.

— Estou indo até aí para olhar nos seus olhos e descobrir se estamos mesmo apaixonados.

Carona para o mundo

Ela riu, disse que eu era doido e passamos um dia maravilhoso. De volta aos EUA, no aeroporto de Chicago, eu portava apenas a pequena mochila que levara no dia anterior para Toronto, com uns poucos pertences. O oficial que me recebeu começou a perguntar.

— Você saiu ontem dos EUA e voltou hoje?

— Sim.

— O que você foi fazer no Canadá?

Fui passar um dia inteiro com a mulher mais incrível que conheci nos últimos tempos. Fizemos amor por tantas horas que eu nem sei ao certo como ainda estou vivo. - isso foi o que eu pensei, mas, em voz alta, a minha resposta foi outra.

— Fui para uma reunião.

— Antes disso, como você entrou nos EUA? - perguntou o oficial.

— De carro.

— E você é residente nos EUA?

— Não.

— E como pode ter carro aqui?

— Meu carro é do Brasil. Eu vim dirigindo.

— Seu carro é do Brasil, você veio dirigindo e a sua entrada no sistema consta que ocorreu por Cuba. Isso tudo está muito esquisito, Sr. Mesquita. Vamos até a salinha conversar melhor.

Uma vez na salinha que nenhum viajante gosta de entrar, ele continuou.

— Se a sua entrada consta como via aérea, por Cuba, como o senhor entrou de carro nos EUA, Sr. Mesquita?

Expliquei minuciosamente. Entrou outro oficial na sala. Fez uma bateria de perguntas e saiu. Um segundo oficial entrou na sala. Fez as mesmas perguntas, de maneira diferente, e saiu. O terceiro entrou e deu uma ordem.

— Bem devagar, tire tudo que o senhor tem nos bolsos.

Retirei a carteira, o celular e esse terceiro oficial tomou ambos das minhas mãos. Abriu a minha mochila e espalhou tudo que eu possuía sobre uma mesa branca. Fez uma série de perguntas e saiu. Em seguida, entrou um time de sete agentes, sendo seis homens e uma mulher. Eles se revezavam nas perguntas.

— Se os senhores pegarem as imagens da fronteira de Laredo entre 22h e 23h do dia em que entrei, verão a foto do meu carro lá, devidamente registrada.

Reticentes, eles nem cogitavam a possibilidade. A mulher apontou o dedo indicador para mim e desferiu sua opinião.

— Os Estados Unidos da América não erram em matéria de imigração, Sr. Mesquita.

Carona para o mundo

Eu estava sereno e assim me mantive por todo o tempo em que fui sabatinado por aqueles agentes treinados para desestabilizar o investigado. Outro agente, revelando a faceta materialista tão comum entre os americanos, perguntou, em tom de piada:

— Então, Sr. Mesquita, o senhor quer nos convencer de que viaja pelo mundo inteiro sem salário, ajudando a erradicar o vírus da hepatite. E como o senhor sobrevive?

— Eu tenho uma pequena renda passiva no Brasil. O Rotary me ajuda com a logística e a organização geral do projeto.

Entre os sete, um olhou para o outro. A única agente mulher da sala continuava a digitar e procurar informações em seu *notebook*. De repente, chamou a todos e saíram, juntos. Esperei, sozinho, por uns 30 minutos. Quando voltaram, o tom de desconfiança deu lugar a um tom amigável, quase arrependido.

— Sr. Mesquita, aqui está um formulário para que nos avalie. Se entender que lhe desrespeitamos, pode escrever tudo aí. Queremos nos desculpar pela abordagem, pois aquela fronteira nunca errou dessa maneira e tudo levava a entender que havia incongruências no histórico de sua entrada. Confirmamos que a sua história é verídica. O senhor está fazendo um trabalho digno de admiração e desejamos que alcance mais continentes. Seja sempre bem-vindo aos EUA e pode seguir viagem!

Assim dito, fizeram uma fila para me cumprimentar e, um por um, os sete agentes apertaram a minha mão e me pediram desculpas.

Durante toda a abordagem, eles foram firmes. Porém, em nenhum momento, me destrataram. A postura foi digna e diplomática.

Ao viajante ou explorador, fica neste capítulo uma lição importante sobre como se relacionar com as autoridades de outras nações. Eles foram dignos e diplomáticos. Mas, em nenhum momento, eu fui desrespeitoso ou bradei por meus direitos. Logo, se estamos fazendo o que é certo, nada temos a dever e muito temos a respeitar. Com um pensamento assim, você viaja por qualquer lugar do planeta.

Ao sair daquela salinha de energia densa, que testemunhou tantas e tantas prisões, gravei um áudio para o meu irmão.

— Cabeça, quase fui preso pela *imigraçãozis*! – e assim, imitando o Mussum, extravasei a tensão daqueles momentos com o cara que é sangue do meu sangue, a quem tanto amo e de quem sentirei muita falta, ao viajar pelos demais continentes.

CAPÍTULO 11

OS PROTAGONISTAS DO AMADURECIMENTO

"Nem o tempo tem força para afastar um irmão, de sangue ou de caminhada, por muito tempo."

CAPÍTULO 11

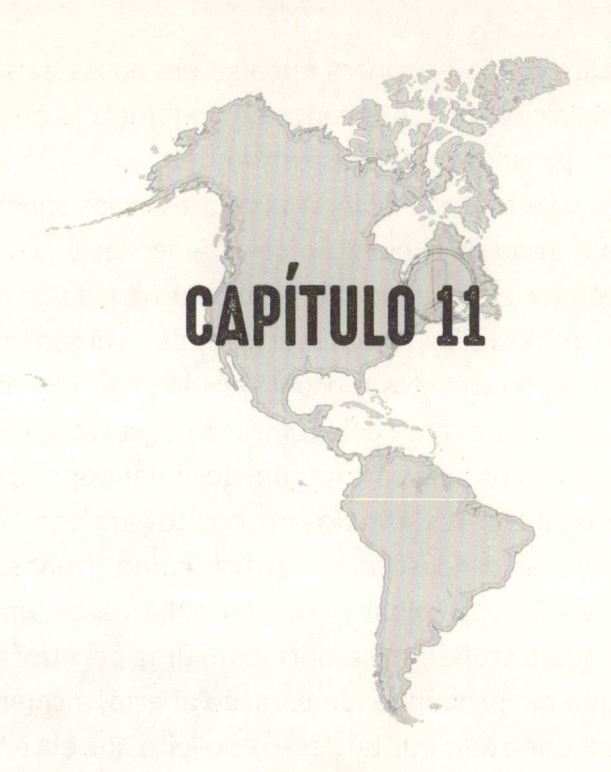

CABEÇA

No teatro ou no cinema, é comum que a peça ou o filme tenha mais de um protagonista. A primeira etapa da viagem validou três e começo pelo meu favorito, o Cabeça. Um dos propósitos da viagem era melhorar a relação com o meu irmão. A cada quilômetro percorrido, um passou a entender melhor os limites do outro, os pontos fracos, a tolerância. Começamos, eu e ele, a enxergar o ser humano além do irmão e quanto mais nos conhecemos, maior se tornou o amor de amigo, que deveria nortear qualquer relação entre irmãos.

Cabeça cumpriu a sua missão no trecho em que esteve conosco, como ninguém seria capaz de cumprir. Hoje, temos a mais forte relação de nossas vidas. A pa-

Carona para o mundo

lavra distância não encontra encaixe em nossa existência, seja para citar uma diferença de quilômetros ou para mencionar pessoas que não se entendem.

Cabeça vive hoje nos EUA. Ambos crescemos sobremaneira com o início da exploração pelas Américas e fico feliz ao perceber que ele amadureceu até mais do que eu. Se o seu temperamento era difícil, a sua capacidade de ouvir sempre foi admirável e norteou muitos e incontáveis aprendizados meus. Tenho orgulho deste cara e deixo uma mensagem ao leitor...

Eu e Cabeça tivemos a coragem de viajar por culturas distantes e diferentes. Um dos propósitos era encontrar ou reencontrar o nosso eixo central como irmãos. Espero que você possa olhar para os familiares, os amigos pessoais ou do trabalho, sempre com uma pergunta:

Será que me proponho, de coração aberto, a conviver, ouvir, respeitar e admirar tal pessoa do jeito que ela é?

Observe que em vários momentos da obra, eu deixei claro que eu e Cabeça nos desentendíamos, mas no capítulo dois, deixei bem claro que o Cabeça é um cara que amo e respeito do jeito que é. Ou seja, amo o meu irmão Cabeça de maneira incondicional. Se ele não tivesse crescido nada durante a viagem, ainda seria amado do mesmo jeito, o que me sugere deixar outra pergunta a você:

Será que essa história de amor incondicional é mera força de expressão ou você é mesmo capaz de amar aos seus com tamanho poder?

Eu encontrei a resposta há muito tempo e vou torcer para que encontre a sua. Amo este cara cujo sangue é o mesmo que corre em minhas veias e, sem ele, a primeira parte da viagem não teria sido tão legal, o que me leva a fazer a última pergunta:

Como seria a sua maior aventura, se tivesse do seu lado um amor incondicional, seja ele irmão, amigo, cônjuge, filho?

APRENDIZADO

"Tudo se ensina a quem reconhece que nada sabe."

O segundo protagonista da expedição que gerou este livro é um companheiro indissociável, o aprendizado. O Fred que deixou São Paulo nunca mais voltou e tampouco voltará. Quem sai para uma aventura deve saber; a personalidade que vai não volta. Isso traz benefícios e consequências. Nunca mais encarei o mundo da mesma maneira. Eis o benefício. Alguns amigos de ontem talvez não sejam os mesmos de amanhã, porque à medida que se cresce, os valores mudam e a sintonia se perde. Eis a consequência.

O maior aprendizado da primeira viagem foi descobrir que não existe bom e ruim, certo e errado. O problema de ontem é a oportunidade de hoje e a solução de amanhã. Encarado como peso, o problema gera uma tristeza amadora que se profissionaliza até se transformar em depressão. Encarado como oportunidade, o problema gera a disposição de aprender e crescer, como foram as ocasiões em que o Carona me permitiu, ainda que pela dor, conhecer habilidades até então desconhecidas.

E assim, toda oportunidade desperta a curiosidade, que gera emoção e libera o desejo de realizar. Daí para ser prazeroso é meio caminho andado (tenho experiência para falar de caminhos).

Carona para o mundo

Você não precisa viajar pelo mundo para enxergar que uma mudança de perspectiva pode ser adotada da cadeira do escritório, do sofá ou da cama.

Mundo afora, ponderar, respeitar a opinião do próximo e saber como colocar as palavras é questão de sobrevivência. No entanto, você não precisa ir até a América Central para perceber isso. Algumas pessoas estão ao seu lado, no cômodo vizinho, aguardando tolerância, respeito, empatia, amor, compreensão e companhia. Se você aceita uma dica, vá até lá, viva e conviva, ame e respeite, fale menos e ouça mais. No fim, perceberá que foi tão prazeroso quanto seria, se fosse o seu perfil, atravessar os continentes, sem contar o fato de que não haverá nenhum perigo nessa pequena aventura, a não ser descobrir, do lado de lá do cômodo, como a pessoa esperava esse seu primeiro movimento.

SONHOS

"O objeto de sonho tem mais poder que o sonho em si."

O terceiro protagonista que marcou o início de nossa expedição foi a lida com os sonhos, desde vê-los em fase gestacional até a sua senioridade.

Amanhã, no mês que vem ou quando sobrar dinheiro são expressões que não combinam com aquilo que está guardado no coração. Eu escolhi as viagens como objetos de sonho. Às vezes, vale mais entender e trabalhar em prol do objeto de sonho do que batalhar pelo sonho em si, porque o objeto é mais tangível do que o devaneio.

Fred Mesquita

Conheci pessoas ricas e poderosas, sem tempo, idade ou disposição para viver os sonhos que o seu dinheiro permitiria. Isso é equivalente a conhecer o inferno ainda em vida.

Uma longa distância separa as questões "ter vontade" de "querer". Sem entender como ambas funcionam, qualquer sonho fica difícil de ser atingido. Vamos tomar como exemplo as afirmações que mais escutamos por aí:

— Eu tenho vontade de fazer uma viagem internacional.

— Eu tenho vontade de comprar um carro novo.

— Eu tenho vontade de reformar a minha casa.

Muito diferente seria o alcance desses objetos de sonho se as pessoas dissessem:

— Eu quero fazer uma viagem internacional.

— Eu quero comprar um carro novo.

— Eu quero reformar a minha casa.

Ao querer, tudo muda. Desde o frio na barriga até o fluxo respiratório, da insônia à inquietude enquanto os olhos estão abertos. Porém, muita gente tem vontade estocada aos montes na prateleira emocional, enquanto a prateleira do querer está vazia.

A lei da atração tem uma grande contribuição para que os sonhos aconteçam. Mas não se basta. A disposição de querer realizar os sonhos abre portas, faz as oportunidades brotarem e gera o emprego que possibilite a realização.

Na contramão disso tudo, muita gente passa pela vida dizendo que tem vontade de algo e se despede dela sem

Carona para o mundo

realizar, até que alguém diz, em seu velório:

— Este aí sonhava com uma viagem internacional, um carro novo e uma reforma na casa. Partiu sem realizar nenhum dos sonhos.

A cada quilômetro percorrido, eu busco a felicidade que, por sua vez, está conectada aos meus sonhos por uma corrente que não tem como quebrar, a não ser que eu mesmo decida arrebentá-la.

Percebe como ninguém, a não ser você, pode quebrar a força poderosa que representa a sua corrente dos sonhos?

CAPÍTULO 12

O CONTATO COM A VOZ PODEROSA

"Se um dia escutar uma voz que considere divina, não duvide, não se julgue louco. Ouça com o coração aberto e isso bastará."

CAPÍTULO 12

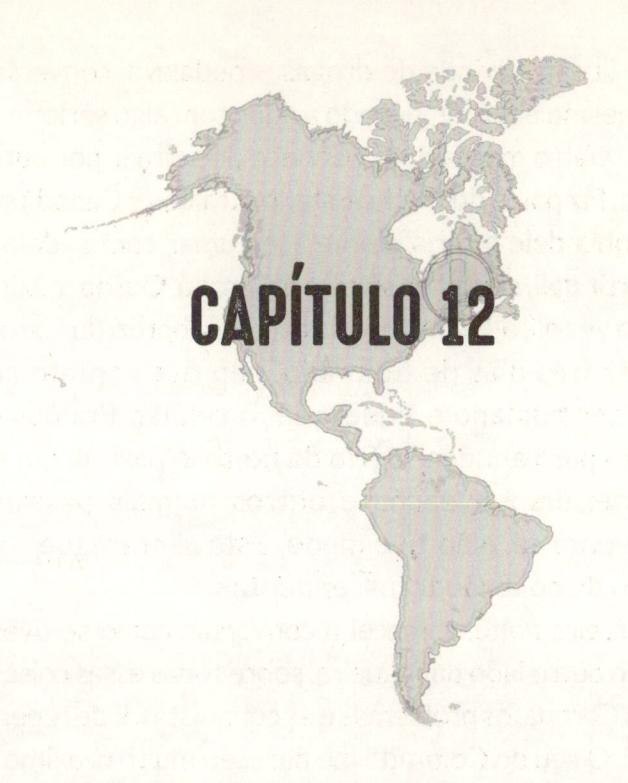

Cumpri toda a agenda norte-americana do projeto. A ideia do projeto não teve por lá a mesma aceitação que encontramos nas Américas do Sul, Central e do Norte. No entanto, abrimos muitas portas para discussões futuras.

Com algumas datas de agenda canceladas, fiquei com um naco da agenda livre e decidi me isolar um pouco e ter um momento em contato com a natureza. Fui ao Parque Nacional das Montanhas Rochosas, no Colorado e, ali, fiz um contato mais próximo com a voz poderosa que me acompanha desde a partida de minha mãe.

Há três dias no parque, sem uma gota de álcool – vale registrar isso, para que o leitor não pense que se trata de

Carona para o mundo

qualquer ilusão advinda de drogas – pedalava, conversava comigo mesmo e fui começando a lidar com algo sério:

Fazia quatro meses que o Cabeça decidira ir por outros caminhos. Fiz parte do trecho Estados Unidos e Canadá sem a companhia dele e teria de me acostumar com a ideia de que, a partir dali, seríamos só eu e o Carona. Ou, no máximo, vez aqui e vez ali, alguém pegaria carona a bordo do Carona.

Nesses três dias de Colorado, não tive contato com nenhum ser humano e fiquei sem o celular. Éramos eu, a fogueira para aquecer o frio da noite, o parque em sua magnitude, ursos, veados e outros animais passando para lá e para cá. Não tive medo. Estava entregue a um momento de conexão transcendental.

Na terceira noite, comecei a conversar, como se tivesse alguém do outro lado da fogueira, sobre todas essas coisas: a viagem, o Carona, os problemas e as conquistas. E de repente, me deitei. O céu do Colorado me pareceu muito próximo...

Não sei como começou. Quando me dei conta, estava conversando com Deus.

— O que eu tô fazendo aqui, sozinho? Olha só onde eu vim parar, Deus. Você bem que poderia dar uma forcinha, né? Eu tô apaixonado pela moça do Canadá. Se ela for a pessoa certa, um empurrãozinho não seria nada ruim. Quero te pedir desculpas, cara. Quando a minha mãe partiu, foi foda pra mim. Acho que fiquei meio sem querer papo com Você e talvez possa me entender, porque fiquei sem chão.

Eu sentia um fluxo de energia passando pela minha cabeça, como se Deus estivesse ouvindo, à sua grandiosa maneira, aos meus argumentos. Fui dormir por volta de cinco horas. A experiência me lembrou aquele filme *A Cabana*, do diretor Stuart Hazeldine. O leitor tem todo o direito de achar que o autor enlouqueceu no Colorado. Porém, abro o coração porque senti o poder transcendental daquela noite. A voz que me guiou para lá e para cá, agora tinha feito outro tipo de contato comigo. E foi maravilhoso sentir a presença divina.

No dia seguinte, o Carona quebrou. Nada sério, mas parou. Enquanto eu o consertava, apareceu um senhor, com um pão e com um *Gatorade* nas mãos.

— Opa, tudo bem? O meu nome é Adam. Eu estou em minha cabana, a 700 metros daqui. Reparei que você está com problemas no carro. Resolvi te trazer um lanche.

— Prazer. O meu nome é Fred. Não precisa se incomodar, Adam. Eu tenho comida, fogão e geladeira aqui no carro.

— Bom, aceite o lanche. E se você quiser, mais tarde vou preparar um peixe. Jantar sozinho nunca é bom e, com o frio dessas montanhas, pode ser legal pra você dar um tempo e comer alguma coisa fora do carro.

Comecei a pensar:

O cara se chama Adam (Adão) e surgiu do nada com um pedaço de pão e com um *Gatorade* de uva (o vinho da metáfora). Ele tinha uma cabana no alto das montanhas do Colorado e estava me convidando para comer um peixe? Ou fiquei louco ou esse cara é Jesus. – concluí.

Mais tarde, em atenção à lei do sim, fui até a casa do novo amigo Adam, que gentilmente me recebeu em sua cabana. Após o excelente jantar, agradeci, me despedi e, com o Carona pronto para a estrada, toquei a viagem.

Carona para o mundo

Até hoje, me pergunto quem é Adam. E voltando ao mundo das coisas tangíveis, outras realidades se propunham, umas exigindo atenção. Outras, continuidade.

Cabeça ficou pelo caminho, para viver outros sonhos, outros projetos.

Eu e a garota por quem me apaixonei percebemos que tudo não passou de um engano e nos tornamos ótimos amigos. No fim, penso que foi melhor assim.

Carona está firme e forte, ansioso pela nova missão.

Humberto e o Rotary estão satisfeitos com a evolução do Projeto Hepatite Zero. Foram centenas de reuniões, milhares de quilômetros rodados, fronteiras ultrapassadas, medos superados, testes aplicados e lições aprendidas.

E eu, confesso, estou ansioso para a completude da missão, que será narrada em outros livros. Aproveito para agradecer a você pela gentileza de ler todo o conteúdo e torço muito para que tenha te inspirado. Vou deixar o meu e-mail. Se possível, diga o que achou. Do continente em que eu e Carona estivermos, prometo que vou parar um instante e responder: fredmesquitas@hotmail.com

E se estiver viajando pelo mundo, dê um alô. Quem sabe você aproveita uma carona no Carona?

DIÁRIO DE BORDO
ETAPA AMÉRICAS

Confira agora alguns registros dos locais por onde passei.

*Algumas fotos estão em baixa resolução, pois o Carona foi assaltado e levaram meu notebook com as imagens da viagem.

Fred Mesquita

Dirigindo na neve (Patagônia).

Praia na Bahia.

Carona para o mundo

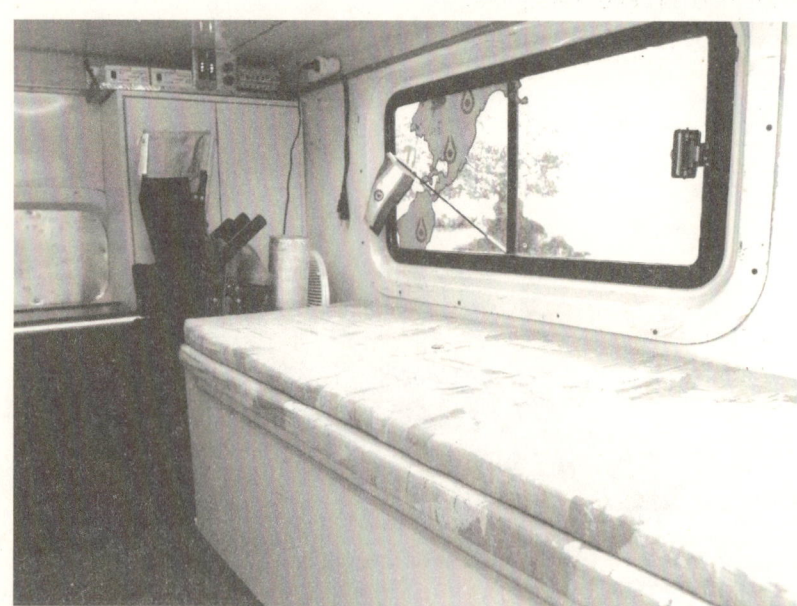

Interior do Carona.

Camping na Costa Rica.

Usina de Itaipu.

Carona para o mundo

Laguna Esmeralda (Ushuaia).

Glacial (geleira) em Perito Moreno (Argentina).

Fred Mesquita

Veleiro em que eu viajei pela Costa Brasileira.

Eu e Cabeça na Patagônia.

Carona para o mundo

Alguns dos animais silvestres que avistei pelo caminho.

Fred Mesquita

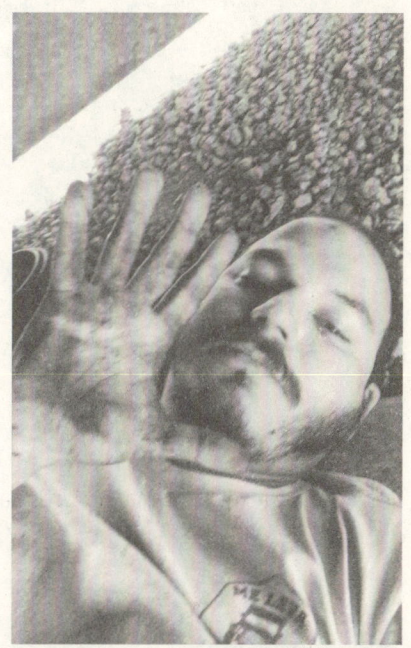

Reparando o Carona em diferentes lugares.

Carona para o mundo

Pepe Mujica (ex-presidente do Uruguai quando nos recebeu em sua casa).

Eu e o cabeça e John Germ (ex-presidente mundial do Rotary) após palestra que realizei no Equador.

Fred Mesquita

Ilhas flutuantes (Peru).

Macaco ladrão (Costa Rica).

Carona para o mundo

Galápagos.

Peru.

Fred Mesquita

Mulheres artesãs (Peru).

Colômbia.

Carona para o mundo

Cusco.

Pirâmide no México.

Patagônia.

Patagônia.

Carona para o mundo

Ponto onde termina a Ruta Panamericana.

Mercado Central de algum país.

Fred Mesquita

Ushuaia.

Peru.

Carona para o mundo

Palestras no Chile e no Quebec.

Fred Mesquita

Palestra em Chicago.

Eu, Cabeça, Humberto Silva e Alexandre Ferreira no dia de nossa partida.

Carona para o mundo

Fazenda NAPOLES de Pablo Escobar (Colômbia).

Distrito histórico de Williamsburg (Estados Unidos).

Fred Mesquita

New York.

Carona para o mundo

Salmoneira (Chile).

Carona na estrada.

ROTEIRO DE VIAGEM
MAPEAMENTO DOS LOCAIS POR ONDE PASSEI

Carona para o mundo

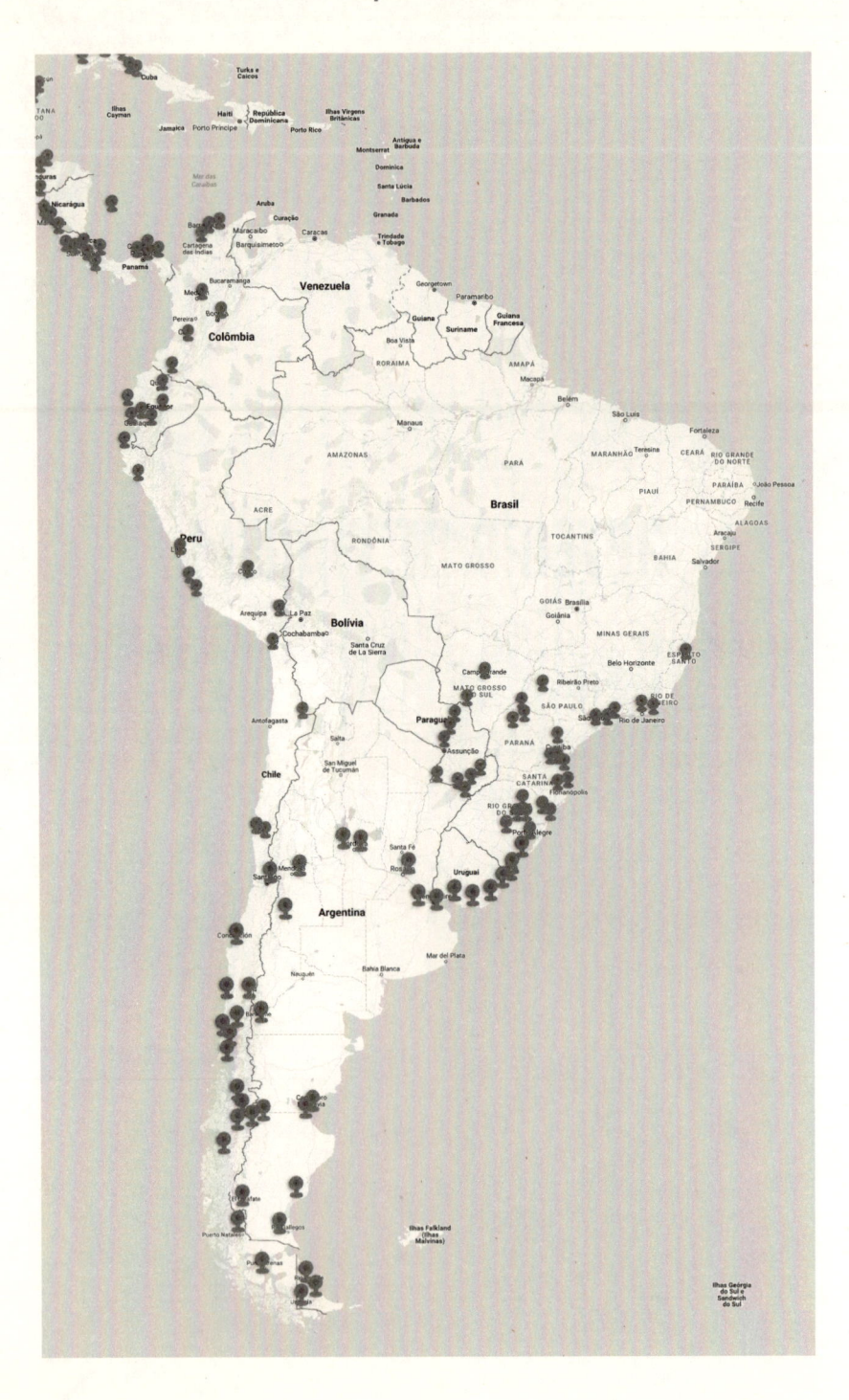

172

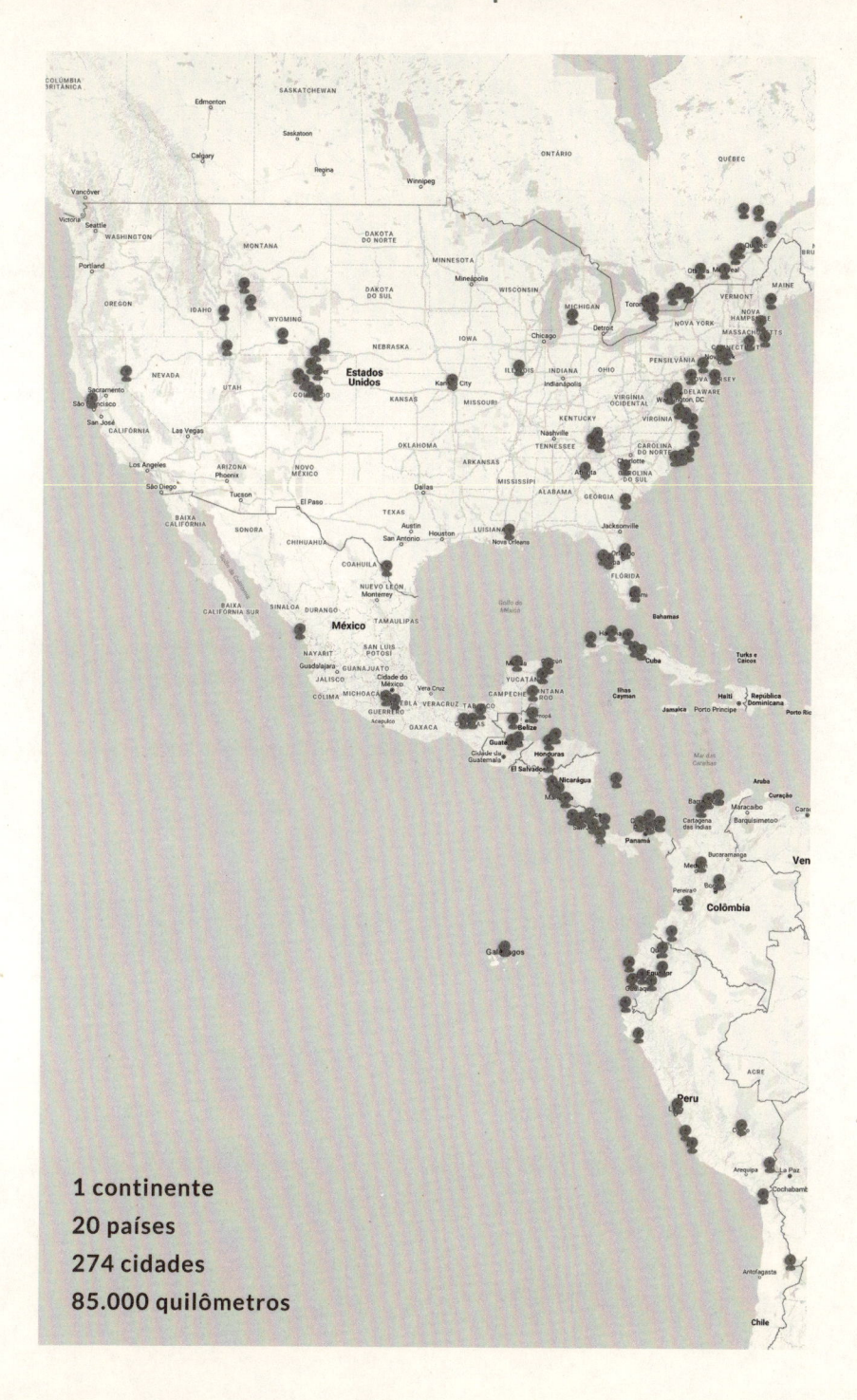

Fred Mesquita

1 continente
20 países
274 cidades
85.000 quilômetros

Fred Mesquita

MEUS CONTATOS
FALE COMIGO POR UM DOS CANAIS ABAIXO

📷 melevajunto

f melevajuntooficial

✉ fredmesquitas@hotmail.com